Bruna Vieira tem 32 anos e nasceu em Santa Catarina. Atualmente, mora em São Paulo e congrega no Mevam Ibirapuera. Formou-se em Design de Interiores, mas trabalhou como modelo por 16 anos. Houve uma grande virada em sua vida quando sua história de cura e restauração repercutiu pelo Brasil. Foi por meio do seu pai que conheceu Jesus, e hoje influencia milhares de pessoas nas redes sociais a terem um relacionamento profundo com Deus Pai, além de ser autora. Bruna gosta de passar horas na presença do Senhor em seu "quarto de guerra", um espaço intencional para oração que separou em sua casa.

Isa Dimas tem 26 anos e nasceu em Goiânia. É casada e hoje mora em Orlando, na Flórida, onde congrega na igreja Lagoinha com seu esposo. Graduou-se em Medicina Veterinária, porém desde o seu real encontro com Jesus entendeu que o seu chamado pessoal era cuidar de pessoas, ajudando mulheres a entenderem sua verdadeira identidade e valor em Cristo. Apaixonada pela leitura da Bíblia, Isa faz seus devocionais ouvindo louvores e ama grifar a Palavra de Deus para se lembrar do que ele lhe disse nesses momentos preciosos. Ela reconhece como sua vida foi totalmente transformada a partir de quando começou a ter tempo em secreto com o Senhor em seu quarto.

Jay Santana tem 26 anos, é carioca e mora em São Paulo há dez anos. Mudou-se para essa cidade com sua família, que fundou a igreja ADAlpha. Morou por alguns meses na base da Jocum, no Havaí, para fazer missões e depois passou um tempo no Camboja, servindo o Reino. Atualmente alcança milhares de mulheres por meio de suas redes sociais, levando a Palavra de Deus com simplicidade e carisma. Seu tempo de devocional é o momento favorito dos seus dias. Jay gosta de ler a Bíblia enquanto faz anotações em seu *journal*, para sempre relembrar o que Deus fez na sua vida e testemunhar o cumprimento das promessas do Senhor.

Jey Reis tem 21 anos, é uma pregadora apaixonada por Jesus e natural de Salvador. Estuda Teologia nos Estados Unidos, no Instituto Christ For The Nations (CFNI) em Dallas. Já pregou em vários países e é autora do livro *Construa o seu diário*. Com grande influência nas redes sociais, busca ajudar jovens a encontrarem sua identidade em Jesus. Sua missão é transmitir o Evangelho e fazer as pessoas sorrirem, assim como ela sorri e vive feliz com Cristo. Em seu tempo particular com Deus, além de ler a Bíblia, gosta de se expressar das mais diversas formas, às vezes até dançando ou pintando.

Ludmila Dias tem 23 anos, é casada com Pedro Ylker e atualmente mora em Caririaçu, no Ceará. Junto com seu esposo, congrega na IEC (Igreja Evangélica de Caririaçu) e participa de projetos missionários todos os anos. Ambos lideram um grupo de jovens, e Ludmila faz parte do ministério de louvor. Sua maior inspiração depois de Jesus é o seu marido, pois o amor dele por Deus a constrange. Em seu tempo devocional, Ludmila gosta de escrever cartas para Jesus, registrando sua vida como em um diário.

SIMPLES ASSIM

SIMPLES ASSIM

Um devocional
para simples
encontros
extraordinários

Vida

Vida
EDITORA VIDA
Rua Conde de Sarzedas, 246 — Liberdade
CEP 01512-070 — São Paulo, SP
Tel.: 0 xx 11 2618 7000
atendimento@editoravida.com.br
www.editoravida.com.br
@editora_vida /editoravida

SIMPLES ASSIM

■

Todas as citações bíblicas e de terceiros foram adaptadas segundo o Acordo Ortográfico da Língua Portuguesa, assinado em 1990, em vigor desde janeiro de 2009.

■

As opiniões expressas nesta obra refletem o ponto de vista de seus autores e não são necessariamente equivalentes às da Editora Vida ou de sua equipe editorial.

Os nomes das pessoas citadas na obra foram alterados nos casos em que poderia surgir alguma situação embaraçosa.

Todos os grifos são do autor, exceto os indicados.

Editora-chefe: Sarah Lucchini
Editora responsável: Mara Eduarda V. Garro
Revisão ortográfica: Rosalice Gualberto
Revisão de provas: Paulo Oliveira
Coordenadora de design gráfico: Claudia Fatel Lino
Projeto gráfico e capa: Vinicius Lira
Diagramação: Marcelo Alves de Souza

1. edição: set. 2024

Dados Internacionais de Catalogação na Publicação (CIP)
(Câmara Brasileira do Livro, SP, Brasil)

Simples assim : um devocional para simples encontros extraordinários. -- 1. ed. -- São Paulo : Editora Vida, 2024.

Vários autores.
ISBN 978-65-5584-538-9
e-ISBN 978-65-5584-539-6

1. Escrituras cristãs 2. Fé (Cristianismo) 3. Literatura devocional 4. Mulheres - Aspectos religiosos - Cristianismo 5. Palavra de Deus 6. Vida cristã.

24-219798 CDD-242

Índice para catálogo sistemático:

1. Literatura devocional : Cristianismo 242
Aline Graziele Benitez - Bibliotecária - CRB-1/3129

Thais Linares tem 22 anos, mora em Sorocaba e frequenta a igreja Presbiteriana do Calvário. Atualmente se dedica à graduação em Ciências Biológicas e ama ver quão extraordinária é a criação por meio do estudo da biologia. Ela se casou aos 20 anos e ama compartilhar sua rotina de esposa na internet, inspirando milhares de mulheres que também estão nessa jornada ou a iniciarão futuramente. Durante o seu tempo com Deus, tem o costume de colocar um louvor de fundo para se concentrar na Palavra.

Vitoria Dozzo tem 27 anos, é paranaense, mas no momento mora em Barueri, São Paulo. Sua vida se tornou um testemunho aberto nas redes sociais e tem alcançado milhares de mulheres todos os dias. Os principais temas de suas postagens são: posicionamento e a importância de uma entrega radical de si mesma a Jesus. Congrega na igreja Fonte da Vida, onde lidera um grupo de jovens e outro de mulheres. É autora do livro *Primeiro eu precisei morrer* e coautora de um devocional *best-seller*. Em seu tempo devocional, gosta de anotar suas orações e registrar diariamente os versículos que mais marcaram o seu momento de leitura bíblica.

Sumário

SEMANA 5

✚ Vivendo bem ✚

SEMANA 6

✚ Para o Senhor ✚

SEMANA 7

✚ Permanecer ✚

SEMANA 8

✚ Legado ✚

Introdução

Tic... tac... tic... tac... O tempo está passando, e às vezes pensamos que ele voa. É como se os dias estivessem mais curtos e a rotina mais pesada. Enquanto isso, os sonhos parecem estar distantes ou ser uma mera ilusão. Talvez você ainda não tenha a família ou as condições financeiras que tanto anseia. Quem sabe ainda não esteja vivendo o ministério como gostaria, ou sua relação com você mesma gere angústia em sua alma, pois você simplesmente não consegue encontrar a cura. Está sempre à espera de algo, infeliz em alguma área, sem desfrutar do verdadeiro contentamento.

"Será que um dia isso passa? Chegarei lá"? Pode ser que esses sejam os questionamentos mais constantes em sua mente e coração hoje. A impressão é que a vida de todos ao seu redor tem avançado, enquanto a sua permanece em um marasmo sem fim. Imagino que esteja cansada e não queira mais isso. Então é hora de dar um basta. É tempo de reconectar-se com quem você é de verdade, conforme o que Deus declara a seu respeito. Já parou para pensar que tudo o que precisamos para ter satisfação e leveza é desenvolver uma jornada profunda e constante com o Senhor? Quando vivemos por ele e para ele, tudo faz sentido, há um propósito divino em nossos dias.

Por outro lado, estaremos perdidas e cheias de fardos enquanto não nos encontrarmos com o Caminho, a Verdade e a Vida, que é Cristo. Graças a ele, temos o privilégio de nos conectarmos com o Criador, o único capaz de revelar a verdade completa sobre a nossa identidade, pois ele nos formou e nos conhece totalmente. Para descobrirmos isso, é necessário mergulhar em uma vida de devoção constante a Deus. Afinal, aquilo que é valioso tem o seu custo, um preço a se pagar. Para conhecer alguém de verdade, precisamos ser intencionais e investir tempo nessa relação.

Portanto, se o seu desejo é conhecer o Senhor e ser transformada por ele, terá de se dedicar a isso. Este devocional diário de 56 dias tem o objetivo de ajudá-la nesse processo, mas tenha em mente que não se trata de uma mágica ou receita de bolo. Você precisa, de fato, abrir o coração, mergulhar na Palavra, orar, refletir e permitir que o Espírito Santo opere em sua vida ao longo da jornada. Alguns dias não serão fáceis e, provavelmente, em muitos deles você nem sequer terá vontade de ler ou refletir sobre os assuntos; porém, com constância e disciplina, testemunhará uma transformação genuína em você mesma.

Que a cada dia sua vida se torne mais alinhada com o coração e a mente do nosso Deus. Que possa viver para ele por inteiro de uma vez por todas, buscando em primeiro lugar o seu Reino e sua justiça. Assim, tudo quanto for necessário será acrescentado e você não terá falta de nada. Prepare-se, pois o primeiro passo é a sua entrega, e seja muito bem-vinda à jornada *Simples assim.*

SEMANA 1

✚

Com Jesus

Negue a você mesma

Vitoria Dozzo

Pois quem quiser salvar a sua vida a perderá; e quem perder a vida por minha causa, esse a achará. De que adiantará uma pessoa ganhar o mundo inteiro e perder a sua alma? Ou que dará uma pessoa em troca de sua alma?

(Mateus 16.25-26, NAA)

Para falarmos de vida com Deus e maturidade cristã, alguns princípios precisam estar claros em nossa mente. Vários deles serão abordados no decorrer deste livro, mas começaremos com algo fundamental na caminhada com Cristo, que é a necessidade de negarmos a nós mesmas. Talvez esse não seja o tema mais atrativo para iniciar uma jornada devocional de 56 dias. Imagino que na verdade você quisesse começar com algo leve e divertido, como as bênçãos, milagres ou promessas do Senhor. Entretanto, é impossível caminharmos juntas pelas próximas semanas sem alinharmos a máxima que rege tudo em nós: **nossa vida é para ele e por ele** (cf. Romanos 11.36). Quero que mergulhe nessa verdade sabendo que, ao nos chamar para viver de uma maneira que o glorifique, ele está demonstrando sua bondade e amor para conosco.

Quando Jesus afirma que a tentativa de salvar a própria vida culminará em sua perda, entendemos um pouco sobre como funciona o Evangelho. Dizer "sim" para Cristo, aceitando e entendendo o significado de seu perfeito sacrifício, é abrir mão do "eu". É morrer para nós e permitir que o Senhor recalcule a rota da nossa existência conforme a sua perfeita vontade. Somos pecadoras, nascemos na injustiça e éramos maldição. Só que tudo isso foi transformado e remido a partir do sangue precioso vertido na cruz do Calvário. O nosso Deus se fez carne. Ele desceu do seu alto trono para morrer em nosso lugar. Aqueles que percebem essa realidade sabem que toda a nossa vida deve apontar para Jesus.

Cristo mudou a nossa história, conquistou a possibilidade de vida eterna para cada uma de nós e nos uniu ao Pai. É nessa certeza que encontramos força para perseverar e nos dedicarmos por completo a perseguir o Alvo. Pensando nisso, e entendendo que não somos perfeitas, mas devemos caminhar em busca de uma vida reta e santa, precisamos considerar que haverá momentos de fraqueza e iremos falhar. Justamente por esse motivo necessitaremos nos arrepender vez após vez.

Aliás, existe uma expressão usada nas traduções da Bíblia para o inglês que não é facilmente adaptada para a língua portuguesa, qual seja: *"Godly sorrow"*. Ela significa algo como "pesar que vem de Deus" e a encontramos em 2Coríntios 7.10: "A tristeza segundo Deus produz arrependimento para salvação, não remorso". Podemos meditar nisso buscando o entendimento de que, quando pecamos e erramos o alvo, não é de lamento e lamúria que carecemos, mas de um arrependimento verdadeiro. Esse arrependimento vem da certeza de que devemos levar uma vida que glorifique a Deus. Ele nos conduz a uma mudança imediata de conduta e comportamento, isto é, não persistimos em nossos pecados.

Davi, por exemplo, foi considerado o maior rei de Israel, porém cometeu ao menos dois grandes pecados em sua vida. Ao ficar em casa e não acompanhar sua tropa que havia partido para uma batalha, interessou-se por Bate-Seba, uma mulher casada. Relacionou-se com ela e, logo depois, perturbado por seus próprios atos, mandou matar Urias, seu marido. Passado algum tempo, então, o profeta Natã o visitou e lhe contou uma história bastante simbólica, que alegorizava sua atitude (cf. 2Samuel 11 e 12). Foi assim que Davi percebeu como seus atos haviam ferido o coração do Senhor e se arrependeu a ponto de restituir tudo o que podia. Também converteu seu coração a Deus.

Essa história nos prova que o arrependimento vindo do Alto gera frutos reais e palpáveis. Isso, porque o mesmo Davi que se envolveu em adultério e mandou matar um homem inocente foi chamado, tempos depois, de "homem segundo o coração de Deus" (cf. Atos 13.22). Sendo assim, precisamos entender o quanto antes que faz parte da conduta cristã analisar nossos comportamentos e repensar nossos passos sempre que necessário. Devemos lembrar que nossa vida pertence ao Senhor, e nos cabe seguir fielmente o que ele ordena em sua Palavra. Temos de odiar o pecado, fugir da aparência do mal e nos recusar a viver dando passos na direção contrária à santidade, pois sem ela é impossível ver a Deus (cf. Hebreus 12.14).

A vida com Cristo é um chamado constante para águas mais profundas, e isso significa muitas vezes abrir mão do que desejamos, compreendendo que ele sabe o que é melhor para nós. Portanto, busque conhecer a Deus, amá-lo e servi-lo em todo tempo. Assim seu coração será moldado todos os dias de acordo com os desígnios do Senhor, e não pelos seus próprios desejos. Enquanto esse processo ocorre, você poderá experimentar o verdadeiro arrependimento e colher os bons frutos de uma vida transformada.

"Nossa vida é para ele e por ele."

A boa, perfeita e agradável vontade de Deus

Jey Reis

Vejam, eu farei uma coisa nova! Ela está prestes a acontecer! Vocês não a percebem?

(Isaías 43.19)

Vivemos fazendo planos, idealizando momentos e sonhando com o futuro. Temos um cenário pronto em nossa mente com tudo o que achamos que deveria acontecer. Mas, e quando Deus nos pede para abrir mão disso? E se você estivesse, por exemplo, vivendo como uma simples mulher judia, Hadassa, e o Senhor a chamasse para se tornar Ester e defender seu povo? E se estivesse andando por uma direção e ele a chamasse para mudar completamente a rota, como fez com Abrão, ou melhor, Abraão? Há momentos em que não temos força ou capacidade humana para fazer algo, porém o Senhor simplesmente nos diz: "Faça", assim como falou a Moisés e ele veio a ser príncipe do Egito. Talvez, mesmo em meio a uma grande dor, ele dirá que devemos seguir para o desconhecido, como falou a Rute, quando era viúva.

Confie no Senhor. Espere pelo tempo dele. Obedeça-lhe. É fácil falar ou ler sobre esse processo. Mas quão desafiador é vivê-lo? Não é simplesmente colocar nossos planos e desejos de lado para seguir por um caminho que não conhecemos. Sei como não é fácil deixar o nosso lar, a nossa vontade, muitas vezes até o nosso país de origem, a nossa família, os nossos próprios sonhos, ou mesmo o nosso nome, para viver algo que ainda nem compreendemos de que forma acontecerá. É como dar um passo no escuro e não contar com nada além das mãos do Senhor para nos sustentar. Saiba que não apenas Ester, Abraão, Moisés e Rute, mas você também foi chamada para viver coisas ainda maiores do que imagina, afinal, "[...] nenhum olho viu, nenhum ouvido ouviu, e coração nenhum concebeu o que Deus preparou para aqueles que o amam" (1Coríntios 2.9).

Porém, para viver tudo isso temos de andar em fé. Lembro claramente de como estava vivendo um dia normal, morando na cidade onde nasci, e Deus disse: "Mude-se para os Estados Unidos e vá estudar Teologia". Ele me chamou do meio de uma sarça ardente, como fez com Moisés, para sair da minha terra de origem, como Abraão, disse que eu deveria ir para uma nação estrangeira, como Rute, e que eu teria de trabalhar pelo meu povo, como Ester.

Ainda em choque, disse a Deus: "Mas eu não sei falar inglês!", e ele questionou: "Uma língua pode parar a minha vontade?". Não bastasse isso, segui relutante: "Mas eu não sou de lá", ao que ele disse: "Você pertence a mim, isso não é suficiente?". Continuava tentando argumentar, mas, com todo amor e autoridade, o Senhor afirmou que seus pensamentos eram maiores que os meus, que ele era o autor da História e da minha história. Confessei ao Pai estar com medo, mas no mesmo instante ele encheu meu coração com a convicção de que sou amada por ele, e seu amor lança fora todo medo.

Acreditei e sigo depositando minha fé em suas palavras. É por esse motivo que estou aqui, morando nos Estados Unidos há mais de um ano, sendo que a decisão de vir para cá foi literalmente a maior loucura da minha vida. Por isso, hoje, posso testemunhar que Deus esteve ao longo de todas as etapas dessa aventura e continua sempre comigo. Aqui eu descobri que não importa onde eu esteja, ele é a minha casa. Aprendi que fé é colocar o pé antes que ele ponha o chão, e que confiar no Senhor exige ousadia, porém traz a recompensa de viver coisas maiores do que somos capazes de sonhar ou imaginar.

Podemos imaginar e planejar certas coisas, com certeza, mas os planos de Deus são maiores do que os nossos. Por mais que no começo possamos nos sentir perdidas em meio ao desconhecido, é fato que sua vontade é boa, perfeita e, mesmo parecendo amedrontadora, agradável.

"Os planos de Deus são maiores do que os nossos."

Minha escolhida,

mesmo que você não veja, eu estou fazendo algo novo, abra os olhos para perceber! Sei que seus planos parecem bons aos seus próprios olhos, aliás, eu dei uma olhada na sua lista de metas e, realmente, elas parecem fazer sentido hoje. Mas eu sou o Deus do ontem, hoje e amanhã, sou Eterno. Eu sonhei com você antes que chegasse à barriga da sua mãe, e eu sou o Deus que sabe aquilo que você não sabe, eu sou o Deus que vê o que você não vê. Eu sou o Deus que já planejou o que você nunca poderia planejar para si mesma, pois não existe ninguém que queira mais o seu bem do que eu. Eu a formei e eu lhe chamei para viver coisas maiores do que pode imaginar. Então, ainda que não possa enxergar tudo o que está por vir, confie em mim. Coloque o pé, e eu colocarei o chão.

Com amor,

Aquele que a escolheu.

A importância das disciplinas espirituais

Jay Santana

Nenhuma disciplina parece ser motivo de alegria no momento, mas sim de tristeza. Mais tarde, porém, produz fruto de justiça e paz para aqueles que por ela foram exercitados.

(Hebreus 12.11)

Acredito que você tenha ao menos alguma noção de como é importante se alimentar bem, e por este motivo é provável que busque fazer isso diariamente. Há até um ditado popular bastante famoso e verdadeiro que trata sobre o assunto: "Saco vazio não para em pé". Agora, assim como o nosso corpo precisa de boas refeições para se manter saudável, o nosso espírito tem de ser cheio da Palavra e do Espírito de Deus. É na Bíblia que encontramos vários "nutrientes" essenciais para uma vida espiritual saudável. Se adicionarmos oração e jejum à "dieta", ela se torna completa.

Da mesma forma que o cultivo de hábitos saudáveis para o bom funcionamento do nosso organismo demanda disciplina, o desenvolvimento de uma vida com Deus também a requer. A conhecida passagem de Hebreus 12, que fala a esse respeito, geralmente é associada à correção, porém a palavra utilizada para se referir à disciplina, no texto original, é *παιδεία*, um termo grego que denota "instrução que aponta para o crescimento em virtude".[1] Em outras palavras, seria se comprometer com a construção de um caráter irrepreensível, por mais que isso possa exigir esforço, persistência e dedicação ao longo do tempo. É conseguir se manter focada em suas metas e objetivos, assumindo as responsabilidades que lhe cabem em cada fase da vida.

Sei que ter constância em bons hábitos pode ser extremamente desafiador. Porém, acredito que a dificuldade se dá porque nos preocupamos demais em sermos perfeitas quando, na verdade, o Senhor deseja somente que estejamos próximas a ele. Ser constante na vida com Deus é se entregar a ele todos os dias, independentemente do que sentimos. Haverá momentos em que a entrega será feita de maneira estrondosa, mas também pode haver momentos em que ela se dará de um jeito mais tímido. Por conta disso é tão importante tomarmos a decisão de viver conforme o que cremos, e não apenas de acordo com nossos sentimentos; enquanto as emoções muitas vezes variam, nossa devoção ao Senhor jamais deve ser interrompida.

É fato que Deus sempre estará disponível aos que se achegarem a ele (cf. Tiago 4.8), e quanto mais o buscamos, mais nos apaixonamos por sua presença, é simplesmente inevitável. Além de amoroso, paciente e bondoso, ele é grande, eterno e soberano. Logo você notará que encontrá-lo todo dia não é apenas o cumprimento de um ritual, é ter o prazer de cultivar um relacionamento pessoal e íntimo com um grande amigo. Ele sacia a nossa alma, supre nossas necessidades e nos leva a desenvolver uma fé resiliente, que nos sustenta tanto em momentos bons quanto em meio aos desafios da vida.

Ao longo desse processo, devemos contar com a sua Palavra, ela é o que fundamenta a nossa fé, revelando o coração e a mente do Pai. Eu costumo dizer que a Bíblia é como um manual de instruções, pois um manual precisa mostrar verdadeira e detalhadamente como determinada coisa funciona. No caso, além de revelar o Universo, ela traz clareza sobre quem Deus é, quem nós somos, para o que fomos feitas e como viver nesta Terra. Quando nos disciplinamos para conhecer e praticar a Palavra, geramos bons frutos em nossa vida e cumprimos com excelência os propósitos do Senhor para nós.

Por fim, deixarei quatro dicas bem práticas para ajudá-la a ter uma vida espiritual mais disciplinada:

1 *παιδεία*. In: Bíblia Português. Disponível em: https://bibliaportugues.com/greek/3809.htmb. Acesso em: 5 jun. 2024.

Quatro dicas bem práticas para ajudá-la a ter uma vida espiritual mais disciplinada:

1. Estabeleça uma rotina diária: reserve um momento específico em sua agenda para se dedicar à oração e leitura da Bíblia, seu tempo com Deus deve ser inegociável. Seja intencional nesse período, não importa se for 15 minutos ou duas horas, entregue-se a ele inteiramente.

   Faça um diário de gratidão e oração: escolha um caderno especial e comece a listar pequenas orações de agradecimento a cada dia, além de pautas pelas quais precisa orar. Isso poderá ajudá-la não só a manter o foco durante a oração, mas também a refletir sobre como Deus está agindo em sua vida.

2. Busque estar rodeada de pessoas que têm uma vida com o Senhor: é importante ter companhias que caminham na mesma direção que você, com elas será possível compartilhar suas experiências, aprender, incentivar e ser também incentivada. Como lemos em Eclesiastes 4.12, juntas somos mais fortes.

3. Estabeleça metas claras e busque evoluir: como comentei, é difícil se manter constante e estabelecer uma rotina disciplinada, mas quando damos um passo de cada vez, mirando o alvo, conseguimos alcançar o que desejamos. Defina algumas metas, como ler determinado número de capítulos da Bíblia por dia, tantos minutos de oração, e assim por diante. Mantenha um registro de seu progresso, faça ajustes sempre que for necessário e não se esqueça de celebrar as pequenas vitórias ao longo do caminho.

4. Lembre-se de que a disciplina espiritual não se parece com uma corrida de curta distância, e sim com uma maratona. É um processo contínuo de crescimento, aprendizado e busca por uma intimidade com Deus cada vez maior, então seja paciente com você mesma, permita-se aprender e crescer com o tempo. Saiba que ele está ao seu lado, guiando e fortalecendo você a cada passo do caminho.

“A Bíblia é como um manual de instruções, pois um manual precisa mostrar verdadeira e detalhadamente como determinada coisa funciona.”

Temor a Deus

Isa Dimas

Para ser sábio, é preciso primeiro temer a Deus, o SENHOR. Se você conhece o Deus Santo, então você tem compreensão das coisas.

(Provérbios 9.10, NTLH)

Imagino que você, assim como eu, já tenha questionado o que seria exatamente temer a Deus. Desde que nasci, passei a frequentar a igreja com meus pais, porém me lembro de que, na época, muito se ensinava sobre o castigo divino que viria a todos que não obedecessem ao que se dizia naquele local. Alguns anos se passaram, e pude perceber que só estava seguindo uma série de doutrinas; eu as obedecia apenas por medo. Sempre pensava comigo: "Se eu fizer qualquer mínima coisa errada, não vou para o Céu". Hoje, ao refletir a respeito disso, percebo que ainda não amava verdadeiramente a Deus naquele tempo. Em vez de desenvolver um relacionamento real e pessoal com ele, aplicava todos os meus esforços para me livrar de qualquer punição. Esse era o meu único foco: não ser castigada.

Assim se passaram mais alguns anos, e eu acabei me distanciando completamente da igreja. Até que, certo dia, recebi um convite inesperado para visitar outra congregação recém-inaugurada em minha cidade. Decidi visitá-la e lembro que, logo no primeiro encontro, fiquei admirada ao ver a forma com que as pessoas falavam sobre o amor de Deus por lá. Fui tão impactada que retornei mais algumas vezes e, em determinado momento, decidi me reconciliar com o Senhor e recomeçar um relacionamento com ele. Dessa vez não seria movida por medo, mas sim pelo anseio de lhe entregar completamente minha vida, amando-o acima de todas as coisas.

Posso dizer que o amor foi a base da minha reconciliação com o Senhor e junto a ele veio um imenso temor. Ao mesmo tempo, pude compreender que temer a Deus não é viver amedrontada, nem se preocupar constantemente com o que pode acontecer se não obedecer a um conjunto de regras. Temer a Deus tem a ver com o reconhecimento de quem ele é e entender que fomos encontradas por sua graça. Se sabemos que o Pai é quem nos ama a ponto de entregar seu único Filho para morrer em uma cruz e nos salvar (cf. João 3.16), é lógico responder a tamanho amor e sacrifício entregando a ele a nossa própria vida.

Crendo nisso, teremos a motivação correta para vivermos em obediência ao Senhor e poderemos desfrutar de todas as promessas destinadas aos que o amam e o temem verdadeiramente. Muitas vezes, não conseguimos odiar o mal e nos distanciar dele (cf. Provérbios 8.13), tampouco ter sabedoria (cf. Provérbios 9.10) ou evitar as armadilhas malignas (cf. Provérbios 16.6), não temos tido uma vida em paz e livre de problemas (cf. Provérbios 19.23), nem alcançado o galardão do Senhor que traz prosperidade, honra e vida (cf. Provérbios 22.4) simplesmente porque não tememos ao Senhor.

Mas agora tente imaginá-lo ao seu lado, em carne e osso, todos os dias. Então se pergunte: será que eu continuaria a falar e fazer certas coisas? Tenho certeza de que, com essa consciência, dificilmente tomaríamos algumas atitudes. Vale lembrar que, embora não fisicamente, o Senhor está sempre conosco, o Espírito Santo vive naqueles que se entregaram a Cristo. Também precisamos ter em mente que seus olhos estão em toda parte (cf. Provérbios 15.3), e nosso comportamento precisa se tornar cada vez mais alinhado ao que cremos, isto é, à Palavra de Deus. À medida que fizermos isso, alcançaremos as bênçãos destinadas a quem confia no Senhor e, por amor, lhe obedece.

Sei que pode parecer desafiador, mas a verdade é que você não precisa dar conta disso sozinha. Afinal, se buscarmos a Deus de todo o nosso coração, iremos encontrá-lo (cf. Jeremias 29.13), e ele é quem nos ajudará a pensar e agir de forma correta (cf. João 16.13 e Romanos 7.18-24). Então, busque-o e peça a ele que a conduza para esse lugar de amor e temor reais. A partir do momento em que começar a temê-lo verdadeiramente, sua vida emocional, espiritual e financeira, seus relacionamentos e tudo que fizer será totalmente transformado e alinhado conforme os propósitos divinos.

Você será mais sábia, capaz de fugir das armadilhas do mal, e alcançará o galardão do Senhor. A sua vida certamente será mais feliz, próspera, tranquila e longa, pois essas e muitas outras promessas destinam-se a quem teme a Deus.

"Nosso comportamento precisa se tornar cada vez mais alinhado ao que cremos."

Profundidade no conhecimento de Deus

Thais Linares

"Antes eu te conhecia só por ouvir falar, mas agora eu te vejo com os meus próprios olhos".

(Jó 42.5, NTLH)

Será que, de fato, você conhece a Deus? Esse questionamento ecoou em minha mente por um bom tempo. Como frequento a igreja desde pequena e estou cotidianamente inserida neste meio, sempre ouvi falar das grandiosas obras do Pai e de sua imensa misericórdia. Então admito que não me preocupava muito em buscar um conhecimento profundo a seu respeito; na verdade, acreditava que as informações que eu possuía seriam suficientes para uma vida com Deus. Mas ao passo que fui crescendo e amadurecendo, percebi que há uma diferença entre ouvir a respeito de algo e realmente conhecê-lo.

Quando escutamos sobre determinado assunto, passamos a acumular um conjunto de informações acerca daquilo. Só que, ao conhecermos esse algo ou alguém, começamos a ter uma série de experiências e desenvolvemos uma verdadeira familiaridade com ele. A história de Jó, por exemplo, mostra a vida de alguém que antes tinha ouvido sobre a existência de Deus, porém, após passar pelos momentos mais difíceis de sua jornada aqui na Terra, conheceu de fato esse Deus de quem tanto ouvia.

Muitas vezes, achamos que frequentar os cultos todos os domingos, participar de um ministério ou ouvir pregações sobre Cristo é suficiente para conhecê-lo. Peço desculpas por decepcioná-la, mas não é. O conhecimento de Deus não está relacionado com a quantidade de vezes que você costuma ir à igreja, e sim com a sua busca constante e sincera por crescer em intimidade com o Senhor. Conhecê-lo não tem a ver com religiosidade, é sobre relacionamento.

Sendo assim, desejo que entenda o seguinte: o propósito central de sua vida é conhecer o Pai de modo íntimo e estabelecer um relacionamento pessoal com ele. Nessa vida, buscamos ser reconhecidas incessantemente por nossas habilidades, qualidades e conquistas, porém a verdade é que devemos nos apegar ao que é dito em Jeremias 9.23-24: "[...] 'Não se glorie o sábio na sua sabedoria, nem o forte, na sua força, nem o rico, na sua riqueza, mas aquele que se gloriar glorie-se nisto: em compreender-me e conhecer-me, pois eu sou o Senhor e ajo com lealdade, justiça e retidão sobre a terra, pois é dessas coisas que me agrado' [...]". Portanto, se há algo em que devemos nos gloriar, é apenas em conhecer a Deus.

Talvez os problemas enfrentados diariamente, ou as lutas que têm assolado sua alma, tenham tornado sua vida parecida com a fase turbulenta pela qual Jó passou. Mas a boa notícia para você hoje é que o sofrimento e as dificuldades que enfrentamos são um convite para a graça de Deus ser revelada a nós (cf. 2Coríntios 12.9-10). Estabelecer um relacionamento com o Senhor não implica ausência de sofrimento, implica o fato de que ele estará dentro do barco com você, mesmo em meio à tempestade.

Quero desafiá-la a cultivar intimidade com o Pai a partir de hoje, o que será possível por meio de uma vida devota de oração e leitura bíblica. Que possamos fazer das palavras de Paulo as nossas: "Quero conhecer Cristo, o poder da sua ressurreição e a participação nos seus sofrimentos, tornando-me como ele na sua morte, para, de alguma forma, alcançar a ressurreição dentre os mortos" (Filipenses 3.10-11).

"O propósito central de sua vida é conhecer o Pai de modo íntimo."

ouvir
conhecê-lo
compreender-me
conhecer-me
compreender-me
conhecê-lo
ouvir
conhecê-lo
compreender-me
conhecer-me
compreender-me
conhecê-lo
ouvir
conhecê-lo
compreender-me
conhecer-me
compreender-me
conhecê-lo
ouvir

Seja mulher de uma coisa só

Bruna Vieira

O Senhor respondeu: – Marta! Marta! Você está preocupada e inquieta com muitas coisas; contudo, apenas uma é necessária. Maria escolheu a boa parte, e esta não lhe será tirada.

(Lucas 10.41-42)

A história da visita de Jesus à casa de Marta e Maria me comove profundamente. Naquele dia, Maria deixou todos os seus afazeres de lado, sentou-se aos pés do Senhor e simplesmente desfrutou da sua presença. Acontece que, enquanto ela se derramava, sua irmã trabalhava sem parar e se via ocupada demais para fazer o mesmo. É curioso como muitas de nós, acostumadas a um ritmo frenético de vida, poderíamos facilmente nos encontrar em uma situação bem semelhante à de Marta. Aliás, é justamente o que ocorre inúmeras vezes.

Eu mesma posso dizer que já fui a pessoa que se deixou ser engolida pela correria da vida, a ponto de abrir mão do tempo de entrega aos pés de Jesus. O resultado foi que acabei sendo tomada pela depressão, fiquei sem forças nem sequer para me pôr em pé e, vez após vez, me via jogada aos prantos no tapete do meu quarto. Fui naufragando até chegar ao fundo do poço, quando já não conseguia encontrar esperança alguma. Contudo, por incrível que pareça, descobri beleza naquele lugar, pois ali eu vi o Senhor e fui resgatada por aquele que é tão amoroso e misericordioso. Ele se tornou o motivo para eu acordar pela manhã e a força dos meus dias.

Lembro-me de momentos em que chorava intensamente. A dor era tanta que eu mal conseguia me expressar. Foi em um dia assim que Deus me achou. Senti seu abraço de uma maneira sobrenatural, e ele me mostrou que "meu tudo" não era nada perto dele. Em meu quarto, de joelhos, eu entreguei minha vida ao Senhor e corri para os pés daquele que nunca me abandonou. Jogada em um tapete, descobri o lugar secreto, senti pela primeira vez a presença de Deus e descobri que eu precisava apenas de uma coisa, somente isto iria me curar e revigorar a minha alma. Essa única coisa só poderia ser a doce presença do meu Salvador.

Temos a tendência de pensar que precisamos de incontáveis realizações para sermos satisfeitas, que devemos ser sempre as melhores em tudo, as mais eficientes em todas as áreas possíveis: no ministério, no trabalho, nos estudos e cuidados com a casa. De fato, precisamos exercer uma boa mordomia de tudo aquilo que o Senhor deposita em nossas mãos (cf. Mateus 25.14-30), o que até nos traz um senso de realização em alguma medida. Porém, o que fazemos não pode sustentar a nossa alma, e sim o próprio Cristo. Ele é a razão da nossa existência, é quem satisfaz plenamente o nosso coração e nos mantém de pé. Como está escrito: "[...] aquele que se alimenta de mim viverá por minha causa" (João 6.57). Por ele é que vivemos, ou assim deveria ser.

Por mais que em algum momento Deus possa lhe tirar as coisas a que tem se apegado, não pense que esse será o seu fim. Muito pelo contrário, às vezes é justamente nessa hora que descobrirá o que mais importa e se tornará mulher de uma coisa só: aquela que prioriza o Senhor acima de toda e qualquer coisa. Saiba que situações desafiadoras não vêm para destruí-la, e sim para moldá-la segundo a vontade do Pai. Talvez você estivesse ocupada demais, assim como Marta, para separar um tempo ao Senhor e teve de aprender, por meio da dor, que nada se compara à alegria de estar aos pés dele.

Nunca me esqueço de quando, em oração, ouvi o Senhor dizer: "Você não é minha Marta, é minha Maria". Na época, eu não entendi muito bem o que aquilo significava e continuei desatenta, preocupando-me freneticamente em ser superprodutiva. Mas o Senhor insistia em me dizer que eu era sua Maria até que, por fim, percebi em que ponto errava e decidi fazer de Jesus a minha prioridade. Hoje, o meu tempo, os meus dias, a minha vida inteira são para ele, eu dependo do meu Senhor. Ele é tudo o que tenho, é quem mudou a minha história, curou o meu interior e transformou a minha vida por completo.

Antes de desenvolver um relacionamento com Deus, o medo e a insegurança eram meus companheiros inseparáveis. A minha mente costumava me levar a lugares obscuros e sombrios, tanto que eu já não sonhava mais, carregava apenas um grande vazio em meu peito. Porém, quando eu comecei a me enxergar pelas lentes de Cristo e descobri quem eu era para o meu Pai, tudo mudou. Ele me encontrou e eu me deixei ser achada por ele. Por isso, desejo que você também se descubra como filha amada de Deus (cf. 1João 3.2). Ele é quem cuidará da sua vida e a protegerá, dando-lhe segurança e jamais a abandonará. Entenda sua real identidade em Cristo e, a partir dela, desfrute do amor e da paz que excede todo o entendimento.

Eu a desafio, neste dia, a parar tudo e fazer conforme está escrito em Mateus 6.6: feche a porta do seu quarto e ore. Peça para o Senhor tirar de você tudo aquilo que não o agrada, tudo que não provém dele, tudo o que a está impedindo de viver a boa, agradável e perfeita vontade de Deus. Aprenda a reconhecê-lo. Quando Jesus bater à porta do seu coração, dê a ele as boas-vindas e desfrute da sua presença. Seja mulher de uma coisa só. Sei que não conseguirá mais viver de outra maneira.

Você foi encontrada por Cristo e pertence a ele, que a ama profundamente.

"Quando Jesus bater à porta do seu coração, dê a ele as boas-vindas e desfrute da sua presença."

Sempre existe mais: o Deus inesgotável

Ludmila Dias

Vendo-se o povo diante dos trovões e dos relâmpagos, e do som da trombeta e do monte fumegante, todos tremeram de medo. Ficaram a distância e disseram a Moisés: — Fala tu mesmo conosco, e ouviremos. Mas que Deus não fale diretamente conosco, para que não morramos.

(Êxodo 20.18-19)

Lembro-me de uma vez em que tive muito medo de fazer uma oração. Sim, medo. Eu me sentia dessa forma, pois sabia que o Senhor poderia me pedir para liberar algo que eu segurava com bastante força. Mas, uma hora ou outra, chegamos a um ponto em nossa vida com Deus em que teremos de decidir entre nos lançarmos para mais fundo em suas águas ou permanecer à beira do mar, apenas molhando os pés e sem ver nada extraordinário acontecer.

Então, mesmo com muito medo, eu entrei no meu quarto, fechei a porta e disse: "Quero me encher totalmente da sua presença e sair da beira da praia. Aqui, nada acontece. Peço que retire de mim o que não vem do Senhor. Eu quero ir para onde os meus pés já não toquem o chão, onde eu possa depender de ti por completo". Assim ele fez. Admito que não foi fácil me entregar dessa forma, doeu e eu tive de encarar o medo. Contudo, eu sabia de uma verdade: o que ele havia preparado para mim era muito maior do que aquilo que eu segurava em minhas mãos.

Em Deus, sempre existe mais. Há níveis infinitamente profundos para os que arriscam mergulhar em seus rios. Precisamos apenas ousar e buscá-lo de todo o coração para ter um encontro real com ele (cf. Jeremias 29.13). Talvez você só não tenha se lançado em suas águas porque tem medo de perder o controle. Não se sabe ao certo do que terá de abrir mão, pode ser de uma amizade que a tem afastado do Pai, ou de um relacionamento amoroso. É possível até que se trate de uma renúncia em sua carreira ou algo semelhante. Temos a visão tão limitada que perdemos a proporção das coisas, passando a crer inconscientemente que sabemos o que é melhor para nós mesmas. Porém, quando obedecemos à voz do Alto, milagres acontecem.

A Palavra relata em Êxodo 20.18-21 que os israelitas foram se afastando cada vez mais do monte onde Deus se encontrava. Eles diziam: "Fala tu mesmo, Moisés, e nós ouviremos". Enquanto a multidão permanecia distante, amedrontada demais para se aproximar da presença majestosa do Senhor, Moisés chegava cada vez mais perto da nuvem. Continuava caminhando e indo na direção apontada pelo Eterno. Imagino que ele também estivesse com medo de prosseguir, só que mesmo assim foi adiante. Seu amor e a sua vontade de se achegar a Deus eram maiores do que a covardia.

Moisés sabia que depois daquela nuvem escura existia algo admirável, havia uma descoberta que ele não faria se ficasse parado ali, junto aos demais. Ele conhecia quem lhe falava e desejava apenas encontrá-lo. Nós também devemos nos aproximar do Senhor, assim como seu servo fez, ainda que nos custe tudo e por mais arriscado que seja. Ele sempre tem algo surpreendente a entregar para aqueles que agem dessa maneira. Agora, será que hoje você tem feito como Moisés? Tem buscado mais desse Deus inesgotável, ou apenas se conforma com o seu atual nível de profundidade nele?

Não se conforme com a estagnação espiritual, não terceirize seu relacionamento com o Altíssimo. Ouse clamar intensa e diretamente por ele, pois o véu do templo se rasgou e temos acesso ao Pai. Devemos desfrutar daquilo que o sacrifício de Cristo nos proporcionou, sem nunca deixar de ir mais fundo. Pode ser que você já tenha testemunhado milagres surpreendentes ou grandes bênçãos, mesmo assim existe algo novo. Não pense que já chegou ao ponto máximo em sua vida com o Senhor. Não limite o Deus a quem você serve, pois ele é insondável e inesgotável. Nosso maior chamado é conhecer verdadeiramente aquele que nos chamou e derramarmos nossa vida em obediência a ele.

“Devemos desfrutar daquilo que o sacrifício de Cristo nos proporcionou.”

Desafio
Semana 1
Com Jesus

Vitoria Dozzo

Ame ao SENHOR, o seu Deus, com todo o seu coração, com toda a sua alma e com todas as suas forças.
(Deuteronômio 6.5)

Essa primeira semana foi de profunda busca pelo Senhor, e consequentemente estamos sedentas por ele. Como não desejamos que a chama se apague, devemos alimentá-la. Para isso, desafio você a colocar em prática algumas atitudes que a ajudarão a direcionar os olhos para o lugar certo e fazer com que seu coração ame a Deus cada vez mais.

Antes disso, porém, convido você a refletir sobre suas ações, para que possa perceber se estão alinhadas ao primeiro mandamento ou não:

1. Ter tempo com Deus tem sido uma prioridade nos seus dias ou você deixa isso de lado facilmente, assim que surge alguma outra demanda ou distração?

[ ] É a minha prioridade

[ ] Desisto facilmente

[ ] Às vezes, tenho dificuldades, mas busco ser constante

2.

Aquilo com o que você gasta seu tempo — seja entretenimento, amizades, compromissos profissionais ou acadêmicos — está de acordo com o planejamento de alguém que ama ao Senhor?

[ ] Sim, está
[ ] Não, ainda gasto tempo com o que me afasta de Deus
[ ] Sei em que ponto estou errando e me comprometo a melhorar

Entendendo isso, o desafio para você é passar as próximas semanas dedicada à leitura deste livro devocional e fazendo do seu tempo com Deus uma prioridade. Escolha um livro da Bíblia para começar a ler junto com o *Simples assim* e não se permita parar no meio do caminho.

O livro da Bíblia escolhido para este desafio é

____________________________________.

Além disso, convido você a "limpar" suas redes sociais, isto é, a parar de seguir os perfis que não a edificam. Passe mais tempo lendo a Palavra, servindo em sua igreja e ouvindo louvores. Decida intencionalmente consagrar seus dias ao Senhor, cultivando seu relacionamento com ele, e observe como você encontrará a maior de todas as satisfações em sua presença.

Ore comigo: *Senhor Deus, eu me comprometo a buscá-lo todos os dias da minha vida. Quero que nosso relacionamento seja cada vez mais íntimo e profundo, a ponto de eu ouvir a sua voz antes de qualquer outra. Ajude-me a entender mais a Bíblia, a guardar sua Palavra em meu coração e a ser fiel ao Senhor em todo tempo. Desejo gastar minha vida aos seus pés. Em nome de Jesus, amém.*

SEMANA 2

✚

Quem eu sou

Somos filhas amadas de Deus

Isa Dimas

Portanto, se vocês, apesar de serem maus, sabem dar boas coisas aos seus filhos, quanto mais o seu Pai, que está nos céus, dará coisas boas aos que lhe pedirem!
(Mateus 7.11)

Nós sabemos que, infelizmente, nem toda figura paterna é boa. Há muitas pessoas que não puderam contar com um pai presente, outras que tiveram um relacionamento difícil com ele, enquanto uma parte nem sequer recebeu a chance de conhecer o seu. Tanto a ausência quanto uma relação complicada com o próprio pai podem causar grandes traumas na vida de alguém. Essas disfunções acabam trazendo bloqueios na forma como nos relacionamos com o nosso Pai Celestial e até no modo como nos enxergamos. Porém, independentemente do que se passou em sua história, eu afirmo com fé: sim, você pode ter um relacionamento leve e maravilhoso com Deus.

Para a minha sorte, meu pai sempre foi incrível e bem presente. Por isso, quando tive um encontro genuíno com o Senhor, não foi difícil desenvolver um bom relacionamento com ele. Só que a realidade de inúmeras amigas minhas foi oposta a essa, e nossas conversas me mostraram como há diversas feridas na alma causadas pela deturpação da figura paterna. Alguns exemplos são: o sentimento de abandono, rejeição ou inferioridade, o ato de se fechar acreditando não precisar da ajuda de ninguém, ter uma dificuldade imensa para liberar perdão e, principalmente, não conseguir se perceber como filha amada de Deus.

O Pai Celestial, o seu Pai, foi quem a criou e formou. Em Jeremias 1.5, lemos que Deus nos escolheu antes mesmo de nos formar no ventre materno. Ele já conhecia cada uma de nós e nos chamava de filha. Antes da sua chegada ao mundo ele já a amava. Então, se a sua visão de pai estiver deturpada no momento, oro para que possa perceber quão imenso, incondicional e imutável é o amor de Deus Pai por você.

Mesmo que tenha se perdido, como o filho pródigo que pegou sua parte da herança e decidiu viver longe da casa do pai, possa você perceber o quanto antes que é tempo de voltar a ele (cf. Lucas 15.11-20). Talvez você também pense que não merece ser recebida como filha, apenas como uma serva, mas para além do nosso mérito ele nos entrega um banquete, as melhores roupas e coloca um anel em nosso dedo (cf. Lucas 15.21-24). Com isso, afirma que somos filhas amadas, a quem ele anseia ter por perto, confirmando que pertencemos à sua família (cf. Efésios 2.19).

Deus não nos criou para sermos escravas. Em sua casa, não temos de trabalhar para receber algo em troca; ele nos entrega tudo o de que precisamos, pois cuida de nós como um bom pai. Se um ser humano comum é capaz de ser um pai afetuoso e presente, que dá coisas boas aos seus filhos, saiba que o nosso Deus o supera infinitamente. Sendo assim, não se preocupe se tiver uma história de paternidade conturbada, porque a verdade é que todos os que recorrem ao Senhor encontram um Pai perfeito.

Se ao longo desta leitura notou que ainda não se enxerga como filha amada de Deus, eu a convido a fazer uma oração entregando sua vida a Cristo (caso ainda não tenha feito isso antes) ou retornando a ele (se estiver longe dos seus caminhos). Em seguida, peça ao Espírito Santo que revele e testifique em seu coração a verdade sobre quem você é. Dê espaço para que o Espírito de Deus cure todas as experiências negativas que possa ter vivido, e que tudo se transforme em um lindo testemunho. É com amor e expectativa que o Pai nos acolhe, não importa o que possa ter acontecido antes desse encontro.

Ele aguarda ansiosamente por você todos os dias, quer lhe dar a identidade de filha amada, alguém que pertence à realeza e carrega um propósito. Essa é a verdade a seu respeito. Você foi moldada pelas mãos poderosas e perfeitas do Criador, o seu Pai. Sua vida é preciosa, desejada e aguardada pelo Rei do Universo. Há uma herança reservada a você que, em Cristo, é filha do Rei dos reis e Senhor dos senhores. Deixe-o entrar em todas as áreas da sua vida e ande com um Pai que escuta suas orações e dá apenas o que é bom aos seus filhos. Esse é o seu Deus. Esse é o seu Pai.

"Você foi moldada pelas mãos poderosas e perfeitas do Criador."

Superando a rejeição

Bruna Vieira

Assim que, se alguém está em Cristo, nova criatura é; as coisas velhas já passaram; eis que tudo se fez novo.
(2Coríntios 5.17, ACF)

Não é muito simples perceber, mas todos que já sofreram algum tipo de abandono acabam tendo de lidar com o sentimento de rejeição. É curioso como nunca tinha ouvido falar sobre isso, antes de me converter a Cristo. Mas ao longo do meu processo de cura, descobri que a rejeição era a grande causa de várias atitudes inconscientes e sentimentos que permearam a minha vida. Sou adotada e jamais tive problemas para falar disso. Muito pelo contrário, converso sobre o assunto com bastante naturalidade. Contudo, a adoção se deu porque fui abandonada pelo meu pai biológico. Na época, ele era um homem completamente diferente do que é hoje, pois caminhava longe da presença de Deus.

Então, mesmo tendo sido criada por uma família boa e que me enchia de amor, chegou um momento em que a rejeição "gritou" dentro de mim. Assim, por muito tempo Satanás minou minha mente e o meu coração usando o abandono como isca. Ele me contava mentiras que afetavam minhas atitudes e ofuscavam meus dias. Antes de ser curada da dor do abandono, eu era incapaz de sonhar ou ver cores no mundo. Essa ferida gerava um medo que me impedia até de tentar coisas novas, pois acreditava que seria abandonada outra vez a qualquer momento. Havia uma insegurança que me paralisava vez após vez, a ponto de me fazer questionar: "Sou boa o bastante? O que há de errado comigo?". Porém, descobri que Jesus pode curar todas as nossas dores e trazer verdade aos nossos questionamentos.

Você provavelmente não entenderá tão cedo o motivo de passar por tantas dores, mas a história de José pode trazer uma boa perspectiva para sua vida. Quando ainda era muito jovem, ele foi jogado em um poço pelos próprios irmãos e vendido como escravo (cf. Gênesis 37). Depois, passou por mais uma série de provações, incluindo ser preso injustamente (cf. Gênesis 39), até se tornar governador do Egito e assim ver realizado o sonho que teve quando era mais novo (cf. Gênesis 41).

Anos se passaram, e José reencontrou seus irmãos. Em vez de acusá-los, ele os acolheu e ajudou. José não rejeitou quem o havia rejeitado. Ele sabia que sua identidade não estava naquela ferida que lhe causaram. Deus tinha um plano para José, assim como tem um projeto incrível para a sua vida. Não importa o que aconteceu lá atrás, ele tem um desfecho maravilhoso para sua história.

Lembro-me de quando uma amiga me visitou e começamos a falar de uma situação que eu vivi no passado, em que fui rejeitada mais uma vez. Sentada à minha mesa, ela me olhou e disse: já perdoou o que fizeram com você? Respondi que sim. Mas no mesmo instante precisei me levantar e ir para o meu quarto chorar. Deus começou a me mostrar todo sentimento ruim que ainda estava guardado em meu coração, havia uma raiva que eu escondia dentro de mim. Foi então que ele me pediu para liberar perdão, e como isso doeu. Eu chorava muito. Decidi fazer um longo jejum para que pudesse silenciar minha carne e discernir mais claramente a voz de Deus. No meio desse processo, ele começou a trazer à minha mente as seguintes palavras: "Não é sobre você, filha. É sobre o que eu vou fazer através de você. Estou gerando autoridade para que fale da sua maior dor".

Saiba que o seu testemunho pode trazer cura. Se o Senhor a direcionar a contá-lo, que não seja para acusar ninguém, e sim para declarar liberdade a você mesma e aos outros. Quando alguém perguntar como você superou algum acontecimento difícil, como suportou tudo aquilo, irá responder que foi o Senhor quem a sustentou. Ele a fortalecerá sempre que precisar. Aliás, é provável que a rejeição aconteça muitas vezes ao longo da sua vida, mas quando você deixa Jesus tratar a sua dor, passa a ser muito mais leve lidar com isso. Você reconhece esse sentimento, não permite que ele determine suas ações, mas o entrega ao Senhor. Quando Cristo entra em nossa vida, tudo novo se faz. Ele nunca nos abandonará e mostrará que há esperança para nós.

Crendo nisso, permita que o Espírito Santo sonde o seu coração, e se tiver de perdoar alguém hoje, faça isso imediatamente. Talvez Deus não esteja fazendo coisas novas na sua vida porque você tem retido o perdão. Libere aquela pessoa que machucou, rejeitou e abandonou você. Imagine tudo que José teria deixado de viver se em vez de crer nos planos de Deus fosse dominado pelo sentimento de raiva e desejasse vingar seus irmãos. Decida cumprir os propósitos que o Senhor sonhou para sua vida nesta Terra, assim como José fez, servindo às nações e até mesmo aos que o feriram. O nosso Deus faz tudo novo. Saiba que hoje você é filha amada do Pai Eterno, e por ele nunca será rejeitada.

"Permita que o Espírito Santo sonde o seu coração, e se tiver de perdoar alguém hoje, faça isso imediatamente."

Em busca de pureza

Vitoria Dozzo

Fiz uma aliança com os meus olhos: de não olhar para uma virgem. Do contrário, qual seria a minha porção do Deus lá de cima, e que herança receberia do Todo--Poderoso desde as alturas?

(Jó 31.1-2, NAA)

Onde estão os seus olhos? O que tem ganhado o seu coração? Nossas paixões podem ser avassaladoras a ponto de roubarem a nossa atenção e permitirem que outros deuses ocupem o trono do nosso coração. Mas somente um pode se assentar lá. A perda da pureza acontece justamente quando desviamos o foco do Senhor, ao passo que a busca por esta característica se intensifica no momento em que cravamos nossos olhos nele.

O entendimento de que servimos a um Deus santo funciona como a força propulsora que deve nos motivar à busca por santidade. É o que diz a Palavra: "[...] Assim como é santo aquele que os chamou, sejam também santos em toda a sua conduta" (1Pedro 1.15). Como já falamos, a vida cristã se baseia em sermos parecidas com Cristo. Jesus, que é manso e humilde, morreu sem pecado para que pudéssemos ter vida, ressuscitou em glória e nos apontou o Caminho, que é ele mesmo (cf. João 14.6). Porém, esse caminho é estreito (cf. Mateus 7.13-14) e exige uma entrega completa da nossa parte. Andar como aqueles que não estão crucificados com Cristo definitivamente não é o chamado de Deus para nós.

Devemos ser santas, isto é, separadas. Separar nossa vida é guiá-la pela régua da Palavra de Deus, usando-a como direção para viver dia após dia em fé. Seguindo esse raciocínio, um dos diversos fatores a serem contemplados dentro de um estilo de vida santo é a sexualidade. Por mais que ela tenha sido absurdamente banalizada por muitas pessoas, foi criada por um Deus de amor ao conceber a família. Não à toa, o inimigo da nossa alma tem tentado corromper essa área. Ele trata aquilo que é tão precioso aos olhos do Senhor como se fosse algo trivial. O Diabo insiste em nos dizer que sexo não tem grande valor e que, portanto, nossos corpos não precisam ser guardados, tampouco nossas mãos e olhos devem se afastar do mal.

Enquanto isso, as Escrituras afirmam que somos templo do Espírito Santo (cf. 1Coríntios 6.19) e devemos viver afastadas de toda imoralidade (cf. Efésios 5.3). São pelas lentes dessa revelação que precisamos posicionar nossa vida, incluindo a nossa conduta nos relacionamentos. Quando desfrutado de forma adequada, o sexo é uma bênção divina; ele foi feito para o deleite dos cônjuges e glorifica a Deus enquanto santifica o casal. Entretanto, cotidianamente vemos a sexualidade ser deturpada pela forma como é tratada por inúmeras personalidades influentes na internet, no cinema e na televisão; por consequência, o funcionamento das relações nos dias de hoje acaba corrompido.

Percebo como aos olhos de muitos o sexo já não tem o menor valor. Pessoas usam pessoas para satisfazer seus prazeres egoístas, e aquilo que foi feito para a santidade, segurança e intimidade passa a ser visto como algo sujo, esdrúxulo e muitas vezes ridicularizado. Precisamos nos lembrar constantemente da visão divina sobre essa prática. Nós, filhas preciosas do Senhor, somos chamadas a reconquistar o zelo pela sexualidade e a reservarmos para o tempo certo, debaixo da aliança do casamento. E mesmo se isso nunca acontecer, continuaremos a nos resguardar para o nosso Noivo (cf. Mateus 25.1-13).

Vale ressaltar que viver em santidade é algo muito mais profundo do que apenas guardar o ato conjugal para o matrimônio. Inclui poupar nossos lábios de conversas indecentes, adormecer em nós todo desejo que possa ter sido despertado antes da hora e direcionar nossa mente ao que é eterno. Sei que não podemos mudar o que passou, e muitas vezes seremos tentadas a alimentar fantasias e ideias inapropriadas. Por isso devemos levar nossos pensamentos cativos a Cristo e crer que em Jesus há esperança para cada uma de nós. Com o seu sangue derramado, somos limpas e restauradas, nos tornamos novas criaturas e não há mais condenação sobre nós. Conscientes da redenção que nos foi dada por Cristo, precisamos agir de maneiras que condizem com o caráter santo do nosso Deus, tanto na área sexual quanto em todas as outras.

Em Efésios, a Palavra diz: "Quanto à antiga maneira de viver, dispam-se do velho homem, que se corrompe por desejos enganosos, para serem renovados no modo de pensar e se vestirem do novo homem, criado para ser semelhante a Deus em justiça e santidade provenientes da verdade" (4.22-24). Com isso, compreendemos claramente como todas nós, que vivemos para o Senhor, devemos direcionar toda a nossa vida, incluindo pensamentos e comportamentos, de um modo que o honre e glorifique. Isso inclui cessar as fofocas, mentiras, inveja, murmurações, más conversações e assim por diante. Viver em pureza é limpar nosso coração constantemente, vigiando nossos atos e intenções.

Se temos vontade de ser parecidas com Jesus, que em tudo possamos espelhar quem ele é. Vale a pena controlar nossos desejos, dominar nossa língua, filtrar nossas conversas e proteger nossa visão. Devemos olhar para o Alto e saber que o nosso bem mais precioso é o Senhor. É um verdadeiro privilégio viver em busca de nos parecermos mais com ele, mesmo que isso custe prazeres momentâneos. Que façamos aliança com nossos olhos a fim de somente olhar para Deus e, assim, vivermos constantemente em busca de pureza e santidade.

“Separar nossa vida é guiá-la pela régua da Palavra de Deus.”

Saiba o seu lugar

Ludmila Dias

Porque Deus nos escolheu nele antes da criação do mundo, para sermos santos e sem culpa diante dele. Em amor nos predestinou para sermos adotados como filhos, por meio de Jesus Cristo, conforme o bom propósito da sua vontade, para o louvor da sua gloriosa graça, a qual nos deu graciosamente por meio do Amado.

(Efésios 1.4-6)

Um dos sentimentos mais difíceis que experimentei na minha caminhada com Deus, sem dúvida, foi o de estar perdida. Olhava para o lado e todos pareciam realizar alguma coisa importante; depois olhava para minha vida e não percebia nada acontecer. Não sabia o que fazer, para onde ir, se parava ou seguia em frente, se deveria ir para a direita ou para a esquerda. Dúvidas como essas nos fazem entrar em um ambiente de grande desconforto, e o pior de tudo é quando, em meio a tantas questões, não ouvimos a voz de Deus.

A verdade é que, ao caminharmos em uma direção contrária à que o Senhor tem para nós, e vivermos sem ter a identidade firmada em Cristo, muitas dúvidas surgem. O sentimento de estar "sem rumo" também se torna inevitável, porque trilhamos um caminho que não é nosso. Aliás, quem não sabe a sua identidade não saberá para onde deve ir. Quem não conhece nem a si mesma, como irá discernir por qual caminho seguir? Por isso, você precisa saber quem é, ou seja, acreditar no que Cristo diz a seu respeito.

O Inimigo sempre tentará gerar dúvidas em seu coração. Ele dirá que você não tem um futuro, que não há um propósito para sua vida nem uma direção correta a seguir. Enquanto acreditar nessas mentiras, você se sentirá perdida. Mas a partir do momento em que olhar para Cristo e ouvir a voz dele em vez da voz do Inimigo, terá cada vez mais convicção sobre o caminho a percorrer. Quando sabemos que somos escolhidas pelo Deus Eterno, cremos que há um destino certo para nós. Por mais que não possamos compreender tudo o que acontecerá ao longo da jornada, podemos ter fé que o Senhor está trabalhando em nossa vida para que vivamos os seus planos para cada uma de nós.

Querida, entenda que se estiver firme em Jesus você não estará perdida, apenas sendo moldada pelo Senhor para concretizar os sonhos dele. Caso se sinta confusa ou desorientada durante esse processo, lembre-se do que a Palavra diz: Deus a escolheu, antes mesmo da criação do mundo. Você é escolhida, amada e redimida. Conhecer a verdade sobre quem você é, e aquele que a acompanha em sua caminhada, é o segredo para andar segura. É claro que o medo e as incertezas podem tentar nos paralisar em alguns momentos, mas continuaremos crendo nas palavras do Senhor a nosso respeito. Assim seguiremos firmes, sabendo que o nosso lugar no mundo é o centro da vontade de Deus.

"Quando sabemos que somos escolhidas pelo Deus Eterno, cremos que há um destino certo para nós."

Perdoadas por Deus

Thais Linares

Se confessarmos os nossos pecados, ele é fiel e justo para perdoar os nossos pecados e nos purificar de toda injustiça.

(1João 1.9)

Se há uma certeza que podemos ter em nossa caminhada cristã é que somos pecadoras e iremos falhar com aquele que primeiro nos amou. Em virtude da Queda, relatada em Gênesis, o pecado adentrou a humanidade e hoje carregamos conosco as raízes das escolhas do primeiro homem (cf. Romanos 5.12). Portanto, todos os dias, nossa carne é tentada a realizar suas próprias vontades e, muitas vezes, não somos fortes o suficiente para não ceder a ela. Então tropeçamos vez após vez e, por conta disso, não nos sentimos merecedoras do perdão de Deus. Somos levadas a achar que ele nunca nos perdoaria por errar de novo, especialmente quando caímos naquilo que prometemos não falhar mais.

Em minha jornada com Deus, esse era um dilema constante. Por sempre cair no mesmo erro, cheguei a pensar que não havia solução para mim. Sentia um remorso tão grande quando pecava contra o Senhor, que me via afundada em meus próprios erros sem a esperança de que um dia o Pai me perdoaria.

Porém, quero compartilhar com você algo que aprendi com o Senhor: de fato, **não merecemos o perdão de Deus**. Parece difícil de entender, mas é nessa realidade que se encontra a graça divina. Mesmo sem merecermos, mesmo sendo pobres, miseráveis e pecadoras, é fato que Deus entregou seu único Filho para morrer por mim e por você. Essa é a loucura do Evangelho.

Precisamos compreender que foi Cristo quem pagou a dívida que jamais conseguiríamos quitar. Sem ele, seríamos condenadas. Foi a partir dessa percepção que me derramei aos pés da cruz e, daquele momento em diante, compreendi que não precisava me sentir perdoada, mas crer nessa verdade que Deus revela a nós. Devemos ser movidas pela fé, não por aquilo que sentimos.

Não há nada que possamos fazer para sermos dignas do amor de Deus. Vejo que muitas pessoas ainda acreditam que devem se humilhar e agir de forma imaculada para receber o perdão do Senhor. Mas a verdade é que esse perdão nos foi dado de graça. A realidade é que o amor de Cristo não depende de nossas obras. Mesmo antes de nascermos, Jesus já havia sido entregue por nossa redenção. Ele nos amou sabendo do erro que viríamos a cometer. A loucura do Evangelho é nos lembrar de nossa dívida e, logo em seguida, nos mostrar a herança que há no Salvador: Vida Eterna por aquele que venceu a morte.

Por meio de um homem, o pecado entrou na humanidade e trouxe a morte. Contudo, por meio de outro Homem a morte foi vencida. Hoje, podemos celebrar, pois fomos salvas por um imerecido ato de amor.

Talvez você ainda carregue o fardo do remorso pelos pecados cometidos, e sua primeira reação ao falhar seja se afastar de Deus por vergonha ou medo. Mas lembre-se disto: Jesus carregou o fardo pesado do pecado no madeiro. Fez isso para que pudéssemos desfrutar do perdão completo e sermos livres. Não se envergonhe diante do único que lhe conhece por inteiro. Mesmo sabendo quais são as suas maiores falhas, ele escolheu amá-la e se entregar por amor a você.

Que a partir de hoje você possa aceitar o perdão de Deus em sua vida, e que esse amor a constranja a ponto de tirá-la da rota do pecado e direcioná-la ao alvo, que é Cristo Jesus. Não há nenhuma condenação para os que estão nele (cf. Romanos 8.1).

"Devemos ser movidas pela fé, não por aquilo que sentimos."

O coração da mulher

Jay Santana

Sobre tudo o que se deve guardar, guarda o teu coração, porque dele procedem as fontes da vida.

(Provérbios 4.23)

Algo essencial para toda mulher cristã é confiar o próprio coração ao Senhor. Isso nos ajudará a cultivar uma vida alinhada com os princípios e valores do Reino, além de vivermos em integridade e segundo o propósito divino. O nosso coração sempre deve refletir um amor incondicional por Cristo e pela Palavra. Mesmo com os desafios diários, não podemos permitir que nada atrapalhe o nosso relacionamento com o Pai; em vez disso, precisamos estar dispostas a deixá-lo moldar o nosso interior conforme sua vontade.

Para que esse processo seja possível, o primeiro passo é entender que o coração nunca foi realmente seu, mas pertence a quem o criou e deve permanecer com ele. Do contrário, acabará despedaçado nas mãos erradas, que podem ser tanto as suas próprias quanto as de outro alguém. Afinal, a Palavra diz para não nos apoiarmos em nosso entendimento (cf. Provérbios 3.5), e é importante termos consciência de que não seria adequado depositar toda nossa expectativa em outro ser humano, falho como nós, na esperança de que ele atenda nossos anseios.

O único capaz de suprir o que nossa alma necessita chama-se Jesus Cristo, pois por seu intermédio temos a oportunidade de herdar a Vida Eterna, e justamente este é o anseio do nosso coração (cf. Eclesiastes 3.11). Às vezes, procuramos supri-lo das mais diversas formas em vez de recorrer ao Senhor. Geralmente fazemos isso porque sabemos que ele tem o poder para trazer mudanças reais e, no fundo, estamos apegadas demais às nossas feridas.

Muitas vezes, não queremos deixar algumas dores irem, pois elas já se tornaram parte da nossa identidade. Pensamos até que superá-las pode invalidar o que passamos. É como se a dor tivesse de estar presente em nosso peito para comprovar quantos desafios vencemos. As feridas também podem servir como uma forma de proteção contra novas experiências dolorosas. Ao se apegar às dores antigas, alguns se sentem mais seguros, uma vez que já estão acostumados a lidar com aquilo e podem controlar mais facilmente a situação. Também é possível nos escondermos atrás do vitimismo e não deixarmos Cristo trabalhar em nós; preferimos usar nossas feridas para atrair a atenção e empatia dos outros.

Acontece que quando não permitimos que o Senhor cuide do nosso coração, é como se estivéssemos rejeitando seu sacrifício por nós. Mas a Palavra diz que ele está perto daqueles que têm um coração contrito (cf. Salmos 34.18) e cura todas as suas feridas (cf. Salmos 147.3). Em Isaías 53.4-5, lemos: "Verdadeiramente, ele tomou sobre si as nossas enfermidades e as nossas dores levou sobre si [...]. Mas ele foi ferido pelas nossas transgressões e moído pelas nossas iniquidades; o castigo que nos traz a paz estava sobre ele, e, pelas suas pisaduras, fomos sarados" (ARC). Jesus literalmente sofreu em nosso lugar, tomou para si as dores que nós deveríamos sentir e, com isto, nos deu a chance de encontrarmos liberdade nele.

Deus é quem mais conhece cada pedacinho do seu coração, foi ele quem a criou exatamente como você é. Em Salmos 139.1-2, está escrito: "Senhor, tu me sondas e me conheces. Sabes quando me sento e quando me levanto; de longe, percebes os meus pensamentos". Ele conhece os seus medos mais profundos e os segredos mais bem guardados. Mesmo assim, ama você incondicionalmente e anseia por estar ao seu lado. Ele sabe aquilo que mais a aflige ou constrange e quer ter um relacionamento tão profundo com você, a ponto de que confie nele para falar sobre todas essas coisas.

Jesus nos faz um convite de confiança em Mateus 11.28-29. Ele diz que se confiarmos nossas preocupações, medos, inseguranças, todo o nosso coração a ele, aprenderemos o que é ser humilde de coração e encontraremos verdadeiro descanso e paz. Portanto, para termos um coração parecido com o de Cristo, primeiro precisamos ter a coragem de entregá-lo em suas mãos, para que ele o molde da maneira certa. Devemos entregá-lo ao Senhor de olhos fechados, sem nos prendermos às dúvidas e medos. Teremos de deixar tudo isso para trás.

Hoje convido você a confiar seu coração, sem limitações, a quem o criou. Apenas o Criador é capaz de levá-lo à sua funcionalidade ideal. Que seu coração esteja tão guardado em Cristo de modo que, para alguém ter acesso a ele, tenha de encontrar-se com Jesus primeiro.

"Deus é quem mais conhece cada pedacinho do seu coração."

Reaprendendo a sonhar

Jey Reis

Certa vez, José teve um sonho [...].

(Gênesis 37.5)

Eu não costumo sonhar à noite, mas passo o dia sonhando acordada. Amo colocar um fone de ouvido e literalmente imaginar uma cena de filme. Como mulheres, fomos criadas por Deus com um coração apto a sonhar, esse é um dos motivos de termos muitas expectativas. O pecado, porém, distorce nossa verdadeira identidade e, ao longo da vida, a beleza que possuímos no nosso DNA de sonhadoras acaba se desfazendo. Os sonhos tornam-se delírios, a confiança e a fé viram ilusões. Tudo o que ouvimos é: "Mulheres têm muitas expectativas". Mas o mesmo Deus que sonhou com você também a criou para sonhar. E ainda mais que isso: acordar realizando o que ele colocou no seu coração.

Agora, o que aconteceria se José pensasse que seus sonhos não passavam de ilusões? E se, em meio a situações contrárias, ele não tivesse se apegado ao que o Senhor havia plantado em seu coração? Sonhos são presentes concedidos pelo próprio Deus. Até mesmo o seu propósito é um sonho dele que precisa se tornar um sonho para você também. Por isso, eu pergunto: por que continuar enterrando seus sonhos?

Hoje, assim como José, somos chamadas a sonhar, acreditar e viver. Não enterre os sonhos que o Senhor lhe deu, em vez disso, cultive-os. Precisamos (re)aprender a sonhar. Então, quais são os seus sonhos que se encontram enterrados? O que seu coração sempre quis? Pelo que você anseia?

Eu sei que sonhar não é algo simples. Ainda mais depois de tudo que você passou. É claro que, ao longo desses anos, muitas vezes seus sonhos se tornaram pesadelos, seus objetivos mais lindos foram frustrados e machucaram seu coração e lhe ensinaram a não acreditar mais naquilo que você tanto cria. Se hoje você tem medo de sonhar, ou não acredita em mais nada, eu entendo você. Mas é fato que o nosso Pai ama se comunicar através de sonhos, afinal, ele mesmo sonhou conosco.

Ele sonhou com você. E para cada ferida em seu peito ele tem um sonho para colocar no lugar. Normalmente a área em que você mais foi machucada será a área em que ele irá usá-la de forma poderosa para trazer cura a muitas almas. Se seu coração foi ferido, além de restaurá-lo, ele quer escrever uma história linda de amor para sua vida e usá-la para realizar o mesmo na vida de outras mulheres. Então, mais importante do que saber quais são os seus sonhos enterrados é pensar: quais são os sonhos de Deus para você?

“Não
enterre os
sonhos que
o Senhor
lhe deu,
em vez disso,
cultive-os.”

Filha, minha linda e tão desejada filha...

eu sonhei com você e a fiz para sonhar. Eu a criei para ser uma realizadora dos meus sonhos, então não tenha medo de sonhar! Não tenha medo de me pedir, pois sim, tudo que você, minha amada filha, me pedir em oração e for bom, eu, o seu Aba, lhe darei. Seus sonhos são orações inexprimíveis que eu consigo ouvir, e mais, consigo realizá-los. Não os enterre, aprenda a cultivá-los. Acredite que se eu comecei a obra e lhe entreguei um sonho, eu sempre fui e continuarei sendo fiel para cumprir a minha palavra.

Eu amo você, minha sonhadora.

Com amor,

Aquele que sonhou com você.

Desafio

Semana 2
Quem eu sou

Bruna Vieira

Vocês, porém, são geração eleita, reino de sacerdotes, nação santa, povo que pertence a Deus, para anunciar as grandezas daquele que os chamou das trevas para a sua maravilhosa luz.

(1Pedro 2.9)

Conhecer a você mesma pode ser um tanto complexo, porque nesse processo seu orgulho é quebrado de uma maneira absurda. Você começa a descobrir que talvez esteja errada em determinados posicionamentos, que não é tão boa quanto pensa e até que realmente chega a ser chata em algumas ocasiões. Percebe que muitas vezes já não gosta tanto de coisas que amava, e aquilo que odiava não é tão ruim assim.

Eu me descobri verdadeiramente em Jesus. E quando entendemos quem somos para ele, começamos a nos enxergar com outras lentes, pelo seu precioso olhar. Em Cristo, nosso passado fica para trás e nossas falhas são redimidas, assumimos a identidade de um povo que pertence a Deus, geração eleita, sacerdócio real, chamadas para anunciar a grandeza do Senhor. Portanto, deixe que ele a mostre para você mesma, e assim se conhecerá de verdade. Passe mais tempo aproveitando a sua própria companhia e a do seu Noivo Jesus. Estar em solitude, só você e Deus, é a melhor maneira de se descobrir.

Sei que muitas vezes pensamos que é necessário estar com alguém para sair ou fazer algo diferente em casa mesmo. Mas que tal passear sozinha, seja a um parque, cinema, a uma cafeteria ou livraria? Você também pode cozinhar uma comida gostosa, colocar a mesa e pedir para o Senhor sentar-se ali; não se esqueça de colocar um prato para ele, eu sempre faço isso, pois dessa forma consigo me atentar melhor à sua presença. Hoje essa é a minha rotina, e foi nesse lugar que eu pude entender quem sou.

Sabendo da importância desse processo em minha vida, desafio você a marcar um encontro com Jesus **neste fim de semana**. Escolha um lugar especial e o convide para estar com você. Desfrute desse tempo de verdade. Da próxima vez, quem sabe, você pode até preparar uma viagem. Escreva em um papel coisas que, hoje, não se imagina fazendo sozinha. Então, desafie-se a realizar uma delas. Você verá como é bom saber que mesmo estando fisicamente só, Jesus está do seu lado. Perceba que ele se move em todas as coisas. Dessa forma, você irá se descobrir e viver sua solitude de forma alegre e plena.

SEMANA 3

Ser como Cristo

Santas como ele é santo

Isa Dimas

Sejam santos, pois eu, o SENHOR, sou santo, e eu os separei dos outros povos para que vocês sejam somente meus.
(Levítico 20.26)

Assim que comecei a minha caminhada com Cristo, uma das minhas maiores dúvidas era "como nós podemos ser puros e santos quando lemos na Bíblia, várias vezes, que somente ele é santo? Será possível para mim, uma pessoa cheia de defeitos, ser santa como o Senhor?". Passei bastante tempo sem entender de que forma eu viveria na íntegra o que a Palavra nos instrui a fazer em Levítico 20.26. Com o tempo, porém, pude entender um pouco melhor o que é viver em santidade e ser parecida com Deus. Afinal, foi exatamente assim que ele nos criou: à sua imagem e semelhança.

Quando cremos em Jesus e o recebemos como nosso Senhor e Salvador, entregando e confiando nossa vida em suas mãos, nós nos tornamos novas criaturas. Fomos libertas do pecado e colocadas no Reino de Deus (cf. Colossenses 1.13). Então o Espírito Santo passa a habitar em nós, e se ele, que é completamente santo, vive em nosso interior, refletimos sua essência. Especialmente por conta disso, jamais podemos deixar de lado a transformação e as renúncias que nós, como nova criação, teremos de fazer uma vez que carregamos a presença de Deus.

Ser santo não é pensar que não existe nenhum erro em nós, e sim o contrário. Quando percebemos que temos uma natureza totalmente pecaminosa, podemos nos entregar ao processo de santificação. É nessa hora que reconhecemos como somos pecadoras e entendemos a necessidade de lutar contra a nossa carne diariamente para vivermos de acordo com a vontade de Deus (cf. Gálatas 5.16-17).

Ao mesmo tempo que nos empenhamos para não ceder à natureza carnal, devemos cultivar a vida no espírito. Ou seja, quando buscamos um relacionamento íntimo com o Espírito Santo, então ouvimos sua voz e fazemos o que lhe agrada. Com isso, iremos frutificar em amor, alegria, paz, paciência, amabilidade, bondade, fidelidade, mansidão e domínio próprio (cf. Gálatas 5.22-23). Esse é o fruto do Espírito, a expressão visível do caráter de Deus em nós.

Essa é uma parte essencial em nosso processo de santificação, porém só conseguiremos frutificar dessa forma se de fato nos dedicarmos a desenvolver um relacionamento profundo e pessoal com Deus. E até podemos buscá-lo tranquilamente, com a certeza de que iremos encontrá-lo se o procurarmos de todo coração (cf. Jeremias 29.13). Em sua presença, seremos moldadas e aprenderemos sempre algo novo.

Buscando ao Senhor, teremos cada vez mais intimidade com ele e, assim, sempre mais prazer por viver em santidade. Aliás, nossa caminhada com Cristo é assim, uma coisa levará a outra e viveremos sendo transformadas de glória em glória. Uma parte crucial desse processo tem a ver com o que fazemos quando ninguém além de Deus pode nos ver. O único que realmente saberá se estamos andando em santidade é o próprio Deus, pois só ele conhece nossos pensamentos, intenções e motivações.

Um dos primeiros passos do processo de santificação, portanto, é entender que mesmo os nossos pensamentos precisam ser submetidos ao Senhor. Se há algo ruim em nosso coração, temos de orar a respeito disso em vez de deixar que cresça e domine nossos comportamentos e ações. Às vezes, uma pequena mágoa, por exemplo, pode ser uma grande armadilha usada pelo Inimigo para nos levar a uma vida totalmente contrária aos propósitos do Pai. Tudo pode começar com um simples pensamento que não foi dominado ou confessado.

Ler a Bíblia e meditar no que está escrito é uma maneira poderosa de fazer com que nossos pensamentos se voltem para as coisas do Alto, para aquilo que é verdadeiro, puro e correto (cf. Filipenses 4.8).

Sendo assim, esteja sempre em vigilância, atenta e envolvida com as coisas de Deus, fuja de toda aparência do mal. O domínio próprio é uma das características do fruto do Espírito, e ele precisa ser gerado com urgência nesse processo de santificação.

A Bíblia afirma: "[...] Continue o santo a santificar-se" (Apocalipse 22.11). Aqueles que têm prazer no que é puro e santo, por mais que errem e caiam algumas vezes ao longo do caminho, devem continuar lutando, confessando e se fortalecendo. Tudo isso é possível por meio da Palavra, do jejum, do relacionamento de intimidade com Deus e uma vida de renúncias. Assim vivamos e desfrutemos dos planos preparados para aqueles que obedecem ao Senhor e o buscam de coração. Quando há santificação, nós nos tornamos vasos úteis preparados para a boa obra. Lembre-se sempre: sem santidade ninguém verá a Deus (cf. Hebreus 12.14). Essa é uma constatação divina dirigida a todo cristão.

Integridade

Jay Santana

Quem anda com integridade anda com segurança, mas quem segue veredas tortuosas será descoberto.
(Provérbios 10.9)

O assunto que iremos abordar hoje parece ser complexo, e a verdade é que, para mim, já foi bastante. Muitas vezes eu ouvia a palavra "integridade" e a considerava tão formal, que soava difícil entender seu conceito. Até que, um dia, perguntei ao meu pai, que também é meu pastor, qual seria a definição de integridade. Ele me explicou que ser íntegro é simplesmente ser inteiro. Significa se entregar, intensamente e a qualquer momento, ao que você acredita. Não importa se alguém está olhando, o lugar onde se encontra, nem mesmo qual possa ser a sua própria vontade. Ser uma pessoa íntegra é não abrir mão de seus princípios e valores. É viver em coerência com aquilo que acredita.

Aposto que, se parar para pensar na pessoa mais íntegra que você já conheceu, rapidamente Jesus Cristo virá à sua mente. Ele é o modelo supremo de integridade, e disso todas nós já sabemos. Porém, hoje quero falar sobre outra referência em quem podemos nos inspirar: uma mulher que foi considerada tão íntegra por Deus que ele lhe confiou a tarefa de "educar" e "preparar" o nosso Salvador. Sim, Maria! Considero importante nos lembrarmos dela, pois sabemos que Jesus foi 100% Deus, mas também 100% homem e, em sua humanidade, aprendeu com quem o criou e instruiu. Nesse caso, teve consigo um exemplo de mulher que em todos os momentos se mostrou extremamente íntegra.

Maria foi uma mulher entregue ao seu relacionamento com o Senhor. Ela era apenas uma jovem quando recebeu uma grande responsabilidade sobre si, mas não a rejeitou. Maria demonstrou uma profunda humildade e disposição para obedecer à vontade de Deus quando aceitou a missão de ser a mãe de Cristo, mesmo sabendo de todos os desafios que isso implicava. Agora, peço que tente se colocar no lugar dela. Imagine ser uma jovem prestes a se casar. Toda a sua comunidade tem por certo que você está se guardando para o seu marido, e de repente, antes do casório, você aparece grávida.

No lugar de Maria, você não teria de se explicar somente para as pessoas, mas também para o seu noivo, dizendo estar grávida por um milagre do Senhor e que carrega o Salvador. Creio eu que muitos comentários duvidosos foram feitos sobre o casal naquela época e, certamente, Maria lidou com uma série de incertezas, medos e dúvidas. Porém, seu coração estava completamente entregue a Deus. Apesar dos prováveis preconceitos e desafios, sua resposta ao chamado do Senhor foi se submeter à vontade dele e confiar em seus planos. Esse fato mostra por que ele havia confiado essa missão a ela.

Uma mulher íntegra é aquela que entrega todas as partes de si a Deus; desde os sonhos até seus medos e incertezas, assim como Maria. Deus já conhecia o coração de sua filha e sabia que podia lhe entregar aquela missão. Quando o anjo Gabriel lhe apareceu para anunciar que ela conceberia o Filho de Deus, sua resposta foi: "[...] 'Sou serva do Senhor; que aconteça comigo conforme a tua palavra' [...]" (Lucas 1.38). Maria estava disposta a aceitar o plano de Deus para sua vida, pois seu coração confiava inteiramente naquele que a havia chamado.

Sua postura me constrange e me leva a refletir no que eu faria diante de algo semelhante. Diversas vezes eu reclamei e questionei o Senhor sobre o motivo de ele não fazer coisas grandiosas na minha vida e através de mim. Eu confiava em meu potencial e sabia quantas promessas havia recebido, porém nenhuma se cumpria. Até que ele me respondeu que eu não vivia de forma verdadeiramente íntegra. De fato, não me entregava em **todas** as áreas para o que Deus queria de mim, pois desejava manter o controle de certas partes da minha vida. E como ele poderia confiar algo a alguém que não confia e se entrega por inteiro a ele?

Maria demonstrou integridade ao aceitar a missão que lhe foi confiada, e isso permitiu que ela reconhecesse sua dependência do Senhor. Ela confiou na providência e na promessa divina. Sua integridade e seu coração obediente a tornaram digna de ser escolhida para o papel único de trazer Jesus Cristo ao mundo. Portanto, que possamos também ser mulheres íntegras, isto é, aquelas cujo caráter reflete os valores do Reino de Deus. Sejamos honestas em palavras e ações, fiéis em nossos relacionamentos, justas em nossas decisões e inteiras em nosso testemunho. Que a nossa integridade transcenda as circunstâncias e permaneça inabalável.

Convido você a se entregar por completo a Cristo, em todas as áreas e sem reservas. Sua integridade será refletida numa vida que honra a Deus em tudo o que faz. A história de Maria nos lembra de como o Senhor valoriza esse atributo e está disposto a usar pessoas comuns para realizar seus propósitos extraordinários.

“Uma mulher íntegra é aquela que entrega todas as partes de si a Deus.”

Vencendo a insegurança

Bruna Vieira

Mas, quando reparou no vento, ficou com medo e, começando a afundar, gritou: – Senhor, salva-me!

(Mateus 14.30)

Tenho para mim que segurança é saber que Jesus está comigo. Somente quando ele entrou na minha vida eu descobri o que é ser segura. Se ele está no barco com você, não há com o que se preocupar. Se Cristo está comigo, eu sou capaz de enfrentar todo e qualquer desafio. Sem ele não sei e não consigo fazer nada (cf. João 15.5), mas com o Senhor eu me sinto segura e tenho confiança em quem eu sou nele.

Muitas vezes, nós nos sentimos inseguras por conta da maneira como nos enxergamos. Satanás nos conta muitas mentiras a nosso respeito. Ele diz que não somos capazes de realizar certas coisas, que não conseguiremos alcançar o que sonhamos e que não há valor em nós. Porém nada disso é real, e o pior é que deixamos de receber aquilo que Deus tem para nós justamente porque damos ouvidos ao engano e, assim, acabamos alimentando a sensação de insegurança, além de uma autoimagem distorcida.

Fui modelo por 16 anos, por isso convivi com meninas lindas a vida inteira. Participava de inúmeros *castings* e recebi diversos nãos, o que gerou uma insegurança enorme em mim. Toda vez que eu não era escolhida para realizar um trabalho, pensava que havia algo errado com meu corpo e cabelo, que não era bonita ou boa o suficiente. A verdade era mais simples: meu perfil não era o que melhor se encaixava com alguns trabalhos, ou então o cliente preferiu outra modelo, o que é perfeitamente normal. Porém, tinha dificuldade em lidar com essa realidade e, ao longo dos anos, passei a enfrentar diversos sentimentos ruins, como a insegurança.

Talvez essa sensação tenha sido gerada pela ausência de uma figura paterna em minha vida, afinal, perdi meu pai adotivo com 12 anos. Sabemos como a presença do pai representa segurança para seus filhos. Lembro-me de várias situações que eu não gostaria de lidar sozinha, como, por exemplo, os começos e fins de relacionamentos, problemas financeiros, até mesmo fazer exames médicos na adolescência. Nós, mulheres, desejamos nos sentir seguras e protegidas sempre, mas é importante refletir sobre o que isso significa para nós.

Quando Jesus entrou na minha vida, meus olhos foram descortinados, e ele começou a me mostrar como ele me via, os seus sonhos para minha vida, os dons e talentos que havia confiado em minhas mãos. Mesmo pensando que era impossível viver tudo o que Deus disse, eu confiei e acreditei nele. Somente quando fiz isso descobri o que é estar realmente segura. Há uma passagem bíblica com a qual me identifico perfeitamente, que é Mateus 14.22-33. Ela relata o momento quando os discípulos de Jesus estavam dentro de um barco em meio à tempestade, e o Mestre chamou Pedro para andar com ele sobre as águas.

Naquele instante, Jesus estava com as mãos estendidas para ele, portanto, por mais caótico que fosse o cenário, Pedro poderia se sentir confiante e seguro. Assim ele fez e avançou na direção do Senhor, mas, ao reparar no vento, começou a afundar. Ele se dispersou, olhou para os lados, em vez de permanecer focado em quem o chamou. Mesmo assim, mostrou uma ousadia sem igual, e sua história me ensina que encontrar segurança para andar em fé é saber que se foi Deus quem falou, ele abrirá os caminhos, moverá as montanhas, abrirá o mar ou nos levará a andar sobre as águas. Ele é quem segurará sua mão e lhe mostrará a direção certa.

Foi assim que ele fez comigo, pois por meio de Cristo pude encontrar o meu Pai. Quando reconheci que Deus é suficiente em minha vida e que eu sou sua filha amada, comecei a vencer a insegurança. Para um pai, sua filha é a mais linda. Para uma filha, seu pai é um super-herói, aquele que protege, traz segurança e faz tudo por ela. Deus é o seu Pai, e cabe a você permitir que ele ocupe esse lugar. Talvez você não tenha crescido com uma referência paterna, assim como eu, mas do mesmo modo que eu encontrei o verdadeiro amor e a verdadeira segurança no Pai Eterno, você também pode encontrar.

Às vezes, quando o Inimigo tenta me trazer o sentimento de insegurança, eu paro e me lembro do meu passado. Penso em tudo o que o Senhor já realizou. Os lugares para onde ele me levou, as doenças que curou, as provisões financeiras que me deu, aquilo que há uns dez anos era sonho e hoje é realidade, as curas emocionais, os livramentos de acidentes e tantas outras coisas. Existem situações que com certeza eu não seria capaz de enfrentar sozinha, realizações que não alcançaria por conta própria, mas Deus estava comigo e fez o que só ele pode fazer. Desde a época em que nem o conhecia ou tinha um relacionamento com ele, por sua graça, agiu em minha vida e continuará agindo.

Portanto, sempre que se sentir insegura, lembre-se da fidelidade de Deus e comece a agradecer. A gratidão lhe trará mais confiança no Senhor, você verá a dúvida ir embora, dando espaço à esperança e fé. Ele é fiel e cumprirá cada uma das promessas que fez a você, não duvide disso nem por um segundo. Sua segurança deve estar no Senhor, e ele não é homem para que minta nem filho do homem para que se arrependa (cf. Números 23.19). Não tema.

“Sempre que se sentir insegura, lembre-se da fidelidade de Deus e comece a agradecer.”

Não se preocupe

Thais Linares

"Por isso, digo a vocês que não se preocupem com a própria vida, quanto ao que comer ou beber; nem com o corpo, quanto ao que vestir. A vida não é mais importante do que a comida, e o corpo mais importante do que a roupa? Observem as aves do céu: não semeiam, nem colhem, nem armazenam em celeiros. Contudo, o Pai celestial de vocês as alimenta. Vocês não têm muito mais valor do que elas?".

(Mateus 6.25-26)

Sei que essa passagem chega a ser clichê para quem já caminha com Cristo há alguns anos, pois a lemos e escutamos incontáveis vezes. Mas se é tão comum ouvir que Jesus nos orienta a não andarmos ansiosas, por qual razão essa verdade ainda não adentrou o nosso coração? O principal motivo de não conseguirmos viver conforme essa realidade no nosso dia a dia se dá porque o nosso foco se encontra no lugar errado. Eu mesma tenho um exemplo que ajudará você a entender o que estou dizendo.

Com meus 19 anos, passei pela fase de me preparar para o casamento, uma fase bastante desafiadora. Eu e meu namorado, que hoje já se tornou meu marido, tínhamos a certeza do que queríamos. Desde o início do nosso namoro já havia a intenção de nos casarmos, pois esse era o plano de Deus para nós. Fora isso, nossa situação financeira estava ótima, como nunca antes, então eu olhava para minha conta bancária e pensava comigo mesma: "Agora eu posso me casar".

Entretanto, no dia em que fomos visitar o apartamento dos nossos sonhos, recebi uma notícia que despertou uma ansiedade tremenda: nossa principal fonte de renda seria reduzida em cerca de 60%. Naquele momento, minhas esperanças de me casar foram por água abaixo. Diante das circunstâncias, não poderíamos mais alugar o tão sonhado apartamento e muito menos nos casar na data planejada. Por isso decidimos adiar nosso casamento. Tempos depois, nossas condições financeiras melhoraram e, novamente, olhei para minha conta bancária e pensei: "Agora eu posso me casar". Só que, mais uma vez, perdemos tudo.

Sem aguentar mais passar por tudo aquilo e já bastante ansiosa, lembro-me de me ajoelhar em meu quarto, fechar a porta e orar de todo coração e alma, dizendo: "Senhor, por qual motivo eu tenho passado por isso? O que eu fiz de errado para estar vivenciando toda essa fase turbulenta?". E foi nesse momento que, claramente, o Senhor me disse: "Até quando você vai confiar nas circunstâncias que a cercam e não em mim, que sou seu Deus? Até quando sua confiança estará nas suas condições financeiras, e não em mim, que sou seu Provedor?".

A partir daquele dia, entendi que meu foco deveria estar em Cristo e decidi confiar nele. Eu me casaria independentemente das circunstâncias. Por mais incoerente que essa decisão pudesse parecer na época, quem lhe escreve hoje é uma mulher casada, cujo Deus providenciou todas as coisas para tornar um sonho possível. Sei como certos anseios tomam conta do nosso coração, afinal, muitas vezes nosso foco se encontra naquilo que nos falta, ou no medo, nas incertezas e no pensamento excessivo sobre o futuro.

Porém, antes de se preocupar com aquilo que Deus fará, lembre-se daquilo que ele **já fez**: entregou seu único Filho para que tivéssemos vida. Existe prova de amor maior do que essa? O futuro pode até parecer incerto aos seus olhos, mas já foi escrito por aquele que a amou primeiro, não há motivo para temer. Aliás, uma vez que Cristo se entregou, você também não é órfã. Por isso, não precisa se preocupar com o que comer, beber ou vestir. Como está escrito: "Essas coisas ocupam o pensamento dos pagãos, mas **seu Pai** celestial já sabe do que vocês precisam" (Mateus 6.32, NVT).

Você tem um Pai que sabe das suas necessidades e traz provisão no tempo certo, seja qual for a fase que estiver vivendo. **É realmente surreal pararmos para pensar conforme Jesus nos orienta: se** o nosso Pai alimenta os pássaros, que não plantam nem colhem, nem guardam alimento em celeiros, com certeza cuidará de nós também. Ele ainda afirma: "Acaso vocês não são muito mais valiosos que os pássaros?" (Mateus 6.26, NVT). Tenha essa verdade em mente e reconheça seu valor como filha, pois Cristo pagou um alto preço para que você pudesse ocupar esse lugar.

Por fim, coloque seu foco na direção correta. Não é a sua conta bancária ou a sua própria capacidade que sustentam sua vida, pois até mesmo o nosso fôlego e a força que temos vêm do Senhor. É ele quem cuida de nós. A ansiedade e as ocupações não devem afastá-la daquele que é digno de estar no centro de tudo. Enquanto seus olhos se mantiverem fixados em Cristo, ele auxiliará você a caminhar, mesmo nos momentos mais turbulentos. Esse deve ser o nosso foco: "Busquem, em primeiro lugar, o reino de Deus e a sua justiça, **e todas essas coisas** lhes serão dadas" (Mateus 6.33, NVT).

Apegue-se a essas verdades e nunca deixe de transformar todas as suas preocupações em orações. Temos a quem recorrer quando necessitamos, então não há motivo para inquietações. Basta fazermos o que a Palavra diz: "Não andem ansiosos por coisa alguma, mas em tudo, por meio da oração e da súplica, com ação de graças, apresentem os seus pedidos a Deus. Então, a paz de Deus, que excede todo o entendimento, guardará o coração e os pensamentos de vocês em Cristo Jesus" (Filipenses 4.6-7).

"A ansiedade e as ocupações não devem afastá-la daquele que é digno de estar no centro de tudo."

Livres da comparação

Ludmila Dias

Cada um examine os próprios atos e, então, poderá ter orgulho de si mesmo, sem se comparar com ninguém.
(Gálatas 6.4)

Não importa sua idade, de onde você veio ou o que faz, creio que, como mulher, é bem provável que já tenha se comparado alguma vez na vida. E sabemos quão pesado é esse sentimento, porque ele nos faz acreditar em algo que não é real sobre a nossa identidade. Eu e você não somos um fracasso, não somos horrorosas, não estamos atrasadas, nem somos menos amadas por Deus do que outras pessoas. Esses são só alguns exemplos de pensamentos, dentre outros milhões, que surgem em nossa mente quando nos comparamos com outro alguém. Você é você, e eu sou eu. Cada uma de nós carrega algo único.

No entanto, muitas vezes chegamos a acreditar nas coisas que o Inimigo sussurra em nossos ouvidos. Não é à toa que a Palavra diz, em 2Coríntios 10.5, que devemos aprender a levar cativo todo pensamento para torná-lo obediente a Cristo. Pensamentos de inveja e comparação são bons exemplos de tentativas do Diabo para trazer distorção quanto à maneira como nos enxergamos. Ele sempre tentará fazê-la se sentir inferior, talvez com uma falsa humildade, ou superior, demonstrando arrogância.

Porém, quando temos a mente de Cristo, conseguimos perceber a realidade sobre quem somos. Reconhecemos as áreas em que podemos melhorar e aquilo que há de bom em nós. O Diabo não quer que você saiba a verdade, afinal, ele é sujo e mentiroso. Ele procura sempre deixá-la confusa e afundada em falsidades. Por isso é tão importante que você saiba discernir as vozes ao seu redor, em vez de acreditar em tudo o que vier à sua mente. Carregue sempre em seu coração aquilo que o Senhor afirma a seu respeito, você encontrará as mais lindas afirmações na própria Palavra. Em Cânticos 4.7 está escrito: "Você é toda linda, minha querida; em você não há defeito algum", esta é uma bela verdade sobre a qual vale muito a pena refletir.

Sei que não posso levá-la a compreender tudo o que Deus diz sobre você. Não é algo que está em minhas mãos, mas o Espírito Santo, que é o Consolador e o Espírito da Verdade, é quem lhe dará essa revelação. Ele lhe mostrará quem você verdadeiramente é, e assim nunca mais precisará carregar o peso da comparação. O Senhor deseja que compreendamos que Cristo não morreu na cruz e suportou toda aquela dor para que hoje olhássemos para nós mesmas com o desejo de ser outro alguém, nem para que pensássemos que somos um erro ou um fracasso. Não, nada faria sentido. Só que a verdade é que foi por amor que ele se entregou, e sabia que você teria de estar aqui, hoje e agora, para cumprir os propósitos que ele reservou para sua vida neste tempo. Você foi projetada para ser você.

É claro que durante toda a nossa caminhada com Cristo ele nos moldará. A cada estação, da maneira dele, sei que nos levará a nos tornarmos conforme a sua vontade, ou seja, somos como vasos de barro nas mãos do oleiro (cf. Isaías 64.8). Ele nos molda conforme seus próprios desígnios e de forma totalmente exclusiva. Jesus nunca olhará para você em busca de outra pessoa. Ele quer que você seja conforme ele mesmo a criou para ser. Entregue-se à vontade e aos propósitos do Criador, assim encontrará a liberdade de ser única e livre de toda comparação.

"Carregue sempre em seu coração aquilo que o Senhor afirma a seu respeito."

A mulher sábia

Vitoria Dozzo

Feliz é a pessoa que encontra sabedoria, aquela que adquire entendimento.

(Provérbios 3.13, NVT)

Se Deus lhe dissesse que concederia qualquer coisa que pedisse, qual seria o seu pedido? Talvez amigos, um relacionamento amoroso, filhos, dinheiro, fama, ou até viagens. Quem sabe você não pediria para nascer em outra época ou família, com uma fisionomia ou condições financeiras diferentes. Não sei, mas, de qualquer forma, soa fantasioso imaginar Deus agindo como se fosse um gênio da lâmpada e se mostrando disposto a conceder um desejo humano. Isso não parece ser algo crível e realista. Porém, por incrível que pareça, aconteceu.

O Rei Salomão, filho de Davi, foi fiel ao Senhor, e Deus lhe disse: "Peça-me o que quiser, e eu darei a você". Entre todas as coisas preciosas e raras da Terra, as quais Salomão poderia ter solicitado — não esqueça que foi o próprio Deus, o Todo-Poderoso, quem disse que faria qualquer coisa que ele pedisse —, ele respondeu que gostaria de receber sabedoria e conhecimento para governar e conduzir o povo de Israel.

Diante dessa resposta, o Senhor aprovou o coração de Salomão, concedeu seu pedido e foi muito além: "[...] Eu lhe darei riquezas, bens e honra, como nenhum rei antes de você teve e nenhum depois de você terá [...]" (2Crônicas 1.12). É realmente impressionante observar essa história, pois podemos entender como aquilo que parece importante aos olhos humanos não é o que mais importa para Deus. Ele valorizou muito mais a intenção do rei do que suas palavras e ficou tão satisfeito que atendeu seu pedido generosamente, tornando-o uma referência em sabedoria. Tanto que foi ele quem escreveu uma parte do livro de Provérbios, considerado por muitos "o livro da sabedoria". Nele compreendemos de uma maneira bem completa a importância de buscarmos ser sábias.

Para alcançarmos esse objetivo, basta fazer algo parecido com o que o rei Salomão fez, pois a Palavra diz: "Se algum de vocês tem falta de sabedoria, peça-a a Deus, que a todos dá generosamente sem reprovar ninguém, e lhe será concedida" (Tiago 1.5). Pode parecer bom demais para ser verdade, mas é real. O nosso Deus é bondoso e gracioso, ele nos concede muito mais do que merecemos. Por isso, não deixe de clamar por sabedoria, ela nos auxilia a lidar com as situações da vida.

Em Provérbios 16.16, lemos que é melhor ter sabedoria do que ouro, e essa é mais uma comprovação de que a lógica terrena não é a mesma do Reino celestial. Quem desejaria o saber em vez de riquezas? Apenas aquele que verdadeiramente entendeu o valor da sabedoria. A Bíblia também nos diz que o temor do Senhor é o princípio da sabedoria (cf. Provérbios 9.10), e esta seria a primeira e mais importante direção para começarmos a buscar por ela. Se não conhecermos a Deus e não desenvolvermos temor a ele, jamais seremos capazes de encontrar a sabedoria, porque ela está diretamente ligada ao conhecimento do Santo e a busca por Deus.

Ser sábia é ler a Palavra e viver conforme sua instrução, é cultivar o fruto do Espírito (cf. Gálatas 5.22-23), buscar a justiça e andar como Jesus andou. O nosso grande Mestre, que nunca falhou, é o melhor exemplo que temos de um comportamento sábio. Ele entende qual é a hora e a maneira de falar, tem as palavras certas e trata com as pessoas certas. Nosso Senhor agiu com mansidão e, mesmo quando se irou, não pecou. Andar em sabedoria é isto: discernir o tempo, selecionar companhias, filtrar ambientes e fazer o que Cristo faria.

Além do mais, nós mulheres temos uma relação bastante espiritual e profunda com a questão da sabedoria. Está escrito: "A mulher sábia edifica a sua casa, mas a insensata a derruba com as próprias mãos" (Provérbios 14.1), o que reforça a importância de termos essa característica. Para as solteiras, derrubar ou edificar a própria casa diz respeito ao relacionamento íntimo consigo mesma, com os pais e familiares próximos. Para as casadas, envolve o cônjuge e, se for mãe, os filhos. Sendo a família um projeto divino, vemos como não são raras as vezes em que o Inimigo tenta nos corromper e, desta forma, trazer destruição. Porém, se estivermos sempre clamando e procurando por sabedoria, protegeremos nossa mente, os nossos lares e teremos a chave para uma vida abundante.

A mulher sábia usa essa característica com prudência, para conquistar seus objetivos enquanto anda em retidão. Então, o amor a bens materiais e outras coisas deste mundo não tomarão o seu coração. Ela se comporta com prudência nas mesas em que se senta, busca a Deus em primeiro lugar e não tem os olhos voltados ao que é passageiro. Então, recomendo que peça por sabedoria e seja uma mulher que edifica a sua casa.

"Seja uma mulher que edifica a sua casa."

Revestida de coragem

Jey Reis

Não tenha medo, pois eu estou com você [...].

(Isaías 43.5)

O medo já me paralisou muitas vezes. O medo de não saber o próximo passo, de as coisas darem errado, de me arriscar em algo novo ou repetir um erro antigo. O medo de saber que poderia fracassar, ou de não saber como lidar se tudo desse certo. Eram tantos medos, tantas vezes em que perguntei "e se?", que esses sentimentos se tornaram paralisadores em minha vida.

Carreguei uma série de medos até o dia em que o Senhor me disse que eu era sua escolhida e precisava viver de acordo com essa verdade. Comecei a notar que, na Bíblia, Deus sempre lembrou os seus escolhidos de não terem medo. E se aqueles que eu considero grandes heróis precisavam ser lembrados sobre isso, então, assim como nós, eles tinham medo e, em certo ponto da vida, foram revestidos de coragem para cumprir o propósito para o qual o Senhor os chamou a realizar.

Os grandes homens e mulheres da Bíblia também precisaram ouvir do Pai: "Eu estou com você, não tenha medo". Não sei ao certo quantas vezes eles tiveram de recorrer ao Senhor e serem encorajados novamente, mas eu admito que precisei parar e trazer as palavras de Deus à memória incontáveis vezes. Mesmo após entender que eu não estava sozinha, até depois de começar a viver pela fé, em dias normais, o medo insistia em surgir dentro de mim como uma visita inesperada. Ele não bate na porta, simplesmente invade e tenta destruir tudo o que vê pela frente.

Porém, lidar com sentimentos desse tipo e com tantas incertezas prova apenas que, mesmo fracos, temendo e batalhando com dúvidas, podemos nos tornar corajosas. Isso, porque a coragem não é sobre a ausência de medo, mas sim sobre a determinação de saber que seu propósito é maior do que um sentimento. Você é capaz de ir com medo mesmo. Sim, você pode seguir em frente ainda que sinta aquele frio na barriga e não saiba como será o fim de cada situação.

Nesse processo, o medo, que é apenas um sentimento passageiro, pode até vir, mas o eterno amor sempre será mais forte que ele. Por mais que possamos estar amedrontadas por alguns instantes, aquele que nos chamou garante que estará conosco. Saiba que seu Pai não lhe deu um espírito de medo, "[...] mas de **poder**, de amor e de domínio próprio" (2Timóteo 1.7).

Mulher, em meio às situações difíceis, o Senhor chama você de escolhida. Ele a levanta e coloca em um lugar de coragem, esperando seu posicionamento. E se o medo é um paralisante, o perfeito amor é um combustível potente. O Inimigo sabe de seus pontos fracos e lhe chama pelo seu medo. Mas o seu Pai, mesmo conhecendo seu medo, chama você de filha amada, de escolhida e de **corajosa**. O medo é passageiro, mas aquele que a escolheu e revestiu de coragem é o Deus Eterno. Nunca se esqueça disso.

“E se o medo é um paralisante, o perfeito amor é um combustível potente.”

Minha corajosa,

eu sei que o medo vem. Mas para cada porção de medo, eu lhe entreguei uma porção do meu amor, que lança fora todo medo. Vivendo em meu amor, nenhum medo permanecerá. Minha linda filha, quando eu disse que não lhes sobrevieram coisas que não pudessem suportar, eu estava falando de você também. Afinal, eu a revesti com coragem e a chamei de valente. Você não precisa temer, pois eu, o próprio Amor, estou e estarei com você. Vá em frente, seja corajosa como eu a formei para ser.

Com amor,

Seu Aba.

Desafio

Semana 3
Ser como Cristo

Jey Reis

[...] pois também Cristo sofreu no lugar de vocês e deixou exemplo para que sigam os seus passos.

(1Pedro 2.21)

Convido você a pensar em seus maiores medos agora. Na verdade, seu primeiro desafio é fazer uma lista deles aqui:

Ao andar com Jesus, aprendemos a vencer os nossos medos, a ansiedade, a comparação e tudo o que nos sufoca. Nesta semana, refletimos bastante sobre essas coisas, e agora chegou a sua vez de colocar em prática o que aprendeu. Não sei quais são seus medos, mas sei que o perfeito amor lança fora todos eles (cf. 1João 4.18); assim somos revestidas de coragem para fazer o que precisa ser feito. Então que tal se inspirar no devocional que mais impactou você esta semana, preparar uma minipregação e postar em suas redes sociais?

Desafie-se a pregar a Palavra! Não se apegue ao que vão pensar de você, mas sim no que o Pai dirá a seu respeito. Temos medo de viver para ele e mostrar o seu caráter ao mundo, porém Jesus não hesitou em padecer na cruz por nós. O desafio desta semana pode ser o começo de algo muito maior do que você imagina, afinal, o Senhor se agrada em nos usar, mesmo não precisando disso.

Seja prática e estratégica, pregue com seu coração, como se essa fosse a sua última oportunidade de anunciar o Evangelho às pessoas. Pregue também sem palavras, vivendo verdadeiramente revestida de força (cf. Provérbios 31.25), tendo atitudes que refletem o caráter de Cristo. Você carrega a resposta para as maiores perguntas da humanidade, e essa resposta é Jesus.

Sei que gravar um vídeo parece uma tarefa boba, mas e se esse conteúdo servir para a salvação de alguém? Creio que toda a jornada deste devocional terá valido a pena. Mais uma vez eu digo: não se apegue ao que vão pensar de você, mas sim no que o Pai dirá a seu respeito. Esteja disposta a fazer a diferença, é simples assim.

SEMANA 4

✚

Não ande sozinha

Família: um projeto divino

Jay Santana

Se alguém não cuida dos seus parentes, especialmente dos da própria família, negou a fé e é pior que um descrente.

(1Timóteo 5.8)

Eu cresci em um lar onde sempre reforçaram a importância da família aos olhos de Deus, além de me ensinarem o valor da honra nesse contexto. Meus pais são pastores, e estar na igreja todo domingo era uma parte fundamental em nossa rotina. Íamos para lá em outros dias da semana também, porém o domingo era sagrado, não se cogitava perder um encontro dominical. O tempo passou e, em certo momento, meus pais adentraram uma fase de trabalho bem intensa, mais do que o de costume. Como eu e meus irmãos estudávamos em tempo integral, acabávamos não conseguindo ficar com eles por muito tempo.

Isso resultou no fato de que nós, filhos, começamos a pegar certa "birra" da igreja, pois era onde o trabalho dos nossos pais acontecia. Na verdade, toda nossa vida tinha conexão com ela e, por imaturidade, colocávamos esses compromissos como vilões da história. Até que um dia, mais precisamente em um domingo, nossos pais nos surpreenderam. Depois de uma semana cheia de demandas, eles vieram a nós e perguntaram o que queríamos fazer naquele momento. Podíamos montar nosso roteiro como desejássemos. Então, um pouco desconfiados, perguntamos: "Pai, mãe, mas vocês não precisam estar na igreja hoje?", e então meu pai respondeu: "Nosso primeiro ministério sempre será cuidar de vocês".

Aquele dia foi marcante para mim. Comemos em uma hamburgueria de *fast-food*, depois tomamos sorvete e em seguida fomos ao cinema. Foi um momento muito louco para nós, pois parecia que meus pais estavam "quebrando regras" só para estarem ali conosco. Depois de crescer um pouco mais, entendi melhor as palavras que meu pai, tão sábio, proferiu naquele dia. Nossa família sempre será nosso primeiro ministério, ela nos molda.

Nós não escolhemos nossa família, e cada uma é de um jeito único. Não é por acaso que, em 1Timóteo 5.8, Paulo nos mostra que cuidar e zelar pelos nossos é um ato de fé. Podemos olhar para os nossos familiares e enxergar apenas dor, mas o amor de Cristo deve falar mais alto, mesmo em momentos desafiadores. É importante buscarmos entender o propósito pelo qual fazemos parte de uma família específica.

Uma história que me ensinou muito nesse sentido é a de José. Aos olhos humanos, considerando tudo o que seus irmãos haviam feito com ele, José parecia ter todo o direito de lhes negar qualquer ajuda. Se estivéssemos em seu lugar, possivelmente olharíamos para a situação deles, famintos e dependentes de nós para comprar alimentos, e diríamos que era justo se encontrarem assim. Porém José preferiu guardar sua fé e perdoar.

O Inimigo detesta a família. Ele trabalha como louco para acreditarmos que essa é uma instituição falida. Eu mesma, estando prestes a me casar, tenho sentido essa luta na pele. Meu noivo e eu recebemos diversos ataques a todo tempo, tentativas de nos levar a desistir de darmos o grande passo do matrimônio. Muitas vezes, fiquei irada contra ele por motivos bobos ou fomos provados em nossa fé. Fé para crer que tudo fluirá bem e daremos conta de construir nosso próprio lar. Fé de que nosso relacionamento é um projeto do Senhor, por isso podemos confiar também um no outro. Então dobramos nossos joelhos no chão e declaramos que nossa família **já é** uma bênção e que nossa descendência também será. Nessas horas, entendemos a força de um cordão de três dobras.

Isso tudo me faz pensar em meus pais também. Já enfrentamos uma série de momentos difíceis, e sei que se eles não tivessem guardado a fé eu não estaria aqui, hoje, vivendo tantas promessas de Deus. O início de uma família é algo milagroso, é o ponto de partida de inúmeras histórias, sonhos e propósitos. Família é uma instituição frutífera, e aprendi essa verdade em meu próprio lar. Entendi também que se trata de um projeto divino, pois está escrito: "Deus os abençoou e lhes disse: — Sejam férteis e multipliquem-se! [...]" (Gênesis 1.28).

Quando o Inimigo vier com mentiras em sua mente, dizendo que família é uma perda de tempo ou que você nunca será capaz de constituir um novo lar, repreenda-o. Não deixe de lutar por sua família, seja por seus pais, irmãos, tios, avós, cônjuge e filhos, ou por quem for. Mostre ao Inimigo que, por amor a Deus, você irá lutar e zelar pelos seus. Lembre-se sempre de que seu primeiro ministério se cumpre em casa e que há um propósito para tudo o que vivemos. Não deixe que traumas a impeçam de construir uma bela família com o Senhor. Viva os sonhos de Deus para sua vida, tanto ao honrar a família em que nasceu quanto ao iniciar uma nova. Saiba que o Senhor está com você e que antes de o seu lar ser seu, pertence a ele.

"Viva os sonhos de Deus para sua vida."

Cuidado com a carência

Vitoria Dozzo

Filhas de Jerusalém, eu as faço jurar pelas gazelas e pelas corças do campo: não despertem nem acordem o amor enquanto ele não o quiser.

(Cântico dos cânticos 2.7)

Acredito que é perfeitamente normal experimentarmos sentimentos distintos ao longo de cada estação que vivemos. Podemos estar em um ótimo momento da vida e, mesmo assim, enfrentarmos frustrações em algumas áreas, e percebemos que elas geralmente se revelam quando nos deparamos com a carência. Assim como a ansiedade, o medo, a tristeza ou qualquer outro sentimento, ela precisa ser validada. Isto é, reconhecemos que se faz presente e então poderemos lidar com ela da melhor forma possível em vez de deixá-la nos dominar.

A carência costuma aparecer por conta das lacunas que existem em nosso coração. Só que a situação se complica quando ela se mistura com a ansiedade, que, por sua vez, tende a se manifestar pela insatisfação com o que temos em mãos. Pode ser que hoje você já tenha alcançado diversas conquistas importantes, mas sinta a falta, por exemplo, de mais amigos, familiares presentes ou de uma relação amorosa. Esses vazios podem representar uma necessidade real, a qual devemos colocar diante do Pai, mas o problema é quando se tornam empecilhos que nos impedem de enxergar as bênçãos **presentes**. Desse modo, em vez de sermos gratas por aquilo que Deus já nos concedeu, passamos a priorizar o que ainda não temos. Essa insatisfação é como uma máscara que esconde algo mais profundo: a falta de contentamento nele.

Às vezes, esquecemos que nos relacionamos com um Deus bom e questionamos seus desígnios para nós, pensamos até que ele não quer que sejamos felizes. Mas, e se pararmos para refletir no tanto que ele nos ama e nas coisas boas que tem reservadas para nós? O Senhor não se preocupa em saciar nossos desejos momentâneos, seu compromisso é com nossa vida de santidade e integridade diante dele. Seremos verdadeiramente contentes quando o buscarmos com todas as nossas forças e o amarmos de todo o coração. Jamais podemos nos esquecer de que em Cristo temos tudo o de que precisamos.

Em alguns casos, sentimos falta de um relacionamento amoroso e chegamos a pensar que talvez esta seja a única peça que nos falta. Ou seja, às vezes até percebemos como há diversas outras coisas boas em nossa vida, mas aquela única área não preenchida parece ocupar o foco da nossa alma. Pensar dessa forma talvez nos leve a um posicionamento perigoso: quando passamos a aceitar migalhas e fazemos coisas que não deveríamos fazer. Chegamos a esse ponto geralmente ao deixar de lado as verdades celestiais que Jesus declara sobre a nossa identidade e o valor que temos diante dele.

Em Cântico dos cânticos, encontramos um trecho que fala sobre como desfrutar do amor romântico de forma saudável. O autor sabiamente nos aconselha a não despertá-lo antes da hora, justamente porque é uma área sensível, que deve ser cuidada. Nosso coração é algo precioso aos olhos de Deus, e perceber isso nos ajudará a não lidar com ele de maneira leviana e a protegê-lo corretamente, escondendo-o no Senhor. Precisamos entender que há um tempo certo para cada propósito debaixo do céu (cf. Eclesiastes 3.1), e assim não devemos nos submeter a situações embaraçosas apenas para ter o *status* de estar comprometida com alguém. Sempre haverá um vazio em nosso peito que somente a Eternidade com o nosso Noivo preencherá, nenhum ser humano será capaz de suprir esse anseio.

Sei como é se sentir refém da carência. Mas sei também como é lindo e poderoso desfrutar do amor do Senhor, ele nos preenche e nos completa. Ele declara verdades a nosso respeito e desfaz todo engano. É um desafio de fé confiar que viveremos as promessas de Deus para nós enquanto ainda não vemos nada acontecer ou lutamos contra a insatisfação. Porém tudo muda ao convidarmos o Espírito Santo para se fazer presente nesse processo e pedirmos que ele satisfaça a nossa alma com a sua presença abundante. Talvez hoje você precise apenas ser vulnerável na companhia do Senhor e orar, dando espaço para que faça aquilo que só ele pode fazer em seu interior.

Você pode ser livre da carência que a aprisiona, mas primeiro precisa estender sua mão para Jesus e permitir que ele se mostre como seu refúgio neste momento, porque é ele quem livrará o necessitado que por ele clamar (cf. Salmos 72.12). Observe sua vida, seus anseios e o que seu coração tem buscado. Assim poderá entender se procura genuinamente pelo que é eterno ou apenas pelo deleite que vem das coisas deste mundo. Ter esse discernimento é um bom primeiro passo para recalcular a sua rota, mudar hábitos e limpar seu coração. Que você possa ser satisfeita no Senhor. Então, a carência lhe dará as costas e não a atormentará mais, pois você saberá muito bem como lidar com ela.

“Estenda sua mão para Jesus e permita que ele se mostre como seu refúgio.”

Casamento: por que quero tanto?

Bruna Vieira

Por essa razão, o homem deixará pai e mãe e se unirá à sua mulher, e eles se tornarão uma só carne.

(Gênesis 2.24)

O homem e a mulher foram criados para estarem juntos. Deus formou Eva através da costela de Adão e a designou para estar ao seu lado, como auxiliadora. Mas para os padrões do mundo o casamento tem soado como algo ruim, sem propósito, no qual não existe respeito, mas uma contínua disputa para ver quem é melhor. Para alguns é considerado descartável, que pode ser desfeito por qualquer motivo, ou desnecessário, uma vez que para satisfazer seus desejos nos dias de hoje muitas pessoas nem se importam em estar comprometidas. Porém a verdade é que o matrimônio é uma união de corpo, alma e espírito; quando você entende isso, tudo muda.

Eu sempre quis me casar, tenho este sonho desde pequena. Então, mesmo quando vivia distante do Senhor, já sonhava em ter minha família. Porém, quando conheci Jesus e entendi o real significado de um matrimônio, esse sonho se intensificou. O casamento hoje para mim é muito mais do que ter alguém com quem contar e vai além do meu querer. Agora o percebo como um dos sonhos de Deus para mim, e como tudo o que faço hoje é para a sua glória, sei que ele será exaltado com meu casamento. Entendo também que minha família será meu maior ministério. Há dois anos, talvez eu quisesse me casar para preencher algum vazio ou obter segurança, mas a verdade é que o casamento em si não supriria as necessidades que eu tinha.

Antes de conhecer Jesus, eu tive muitos relacionamentos. Desde a adolescência eu costumava estar sempre namorando ou pelo menos envolvida com alguém, na maioria das vezes com homens cinco ou até oito anos mais velhos. Buscava encontrar algo que eu não tinha, que no meu caso era uma presença masculina forte, pois isso me passava segurança. Como não pude contar com um pai presente, buscava isso nos homens, mesmo que inconscientemente. Também não tinha Jesus em meu coração, mas hoje busco nele tudo o que me falta, ele é meu Noivo. Sei que quando meu futuro marido chegar, será apenas para somar e transbordar, não para preencher um coração vazio.

Todos os relacionamentos que tive foram parte da minha jornada, da minha história, e creio que ela terá um final feliz, de acordo com os propósitos do meu Pai celestial. Há pouco tempo meu pai colocou uma aliança no meu dedo, literalmente me abençoando e me liberando para o meu casamento, e ele me disse: "Filha, esse anel representa a aliança que você tem com Jesus e a que tem comigo. Todas as vezes que Satanás tentar envergonhá-la por conta do seu passado, ou confundir sua mente, tirando sua confiança, olhe para essa aliança e lembre-se de que você é noiva, ele já tem tudo preparado. Eu vou tirar essa aliança do seu dedo no altar para colocar a aliança de casamento". O fato mais louco e lindo desse ato profético é que o anel só coube no dedo anelar da minha mão esquerda, onde se usa a aliança de casamento. Tentei colocar em todos os outros dedos e não entrou.

Sei que o casamento é uma promessa de Deus sobre a minha vida e quero lhe dizer duas coisas que aprendi enquanto espero que se cumpra. Se o Senhor prometeu algo a você, confie e creia em suas palavras. Não importam as circunstâncias, pois muitas vezes o nosso cenário atual não parece favorecer o cumprimento das promessas, mas se foi Deus quem disse, ele fará. Você pode sonhar e verbalizar o que ele afirmou sobre sua vida. Em segundo lugar, esse ato do meu pai, por mais simples que pareça, foi extremamente significativo para mim. Agora, isso só aconteceu depois que eu liberei perdão para ele, só aconteceu porque dei espaço para o Espírito Santo agir onde estava a minha ferida e trabalhar em meu coração.

Reconheço a importância de ter tido essa relação restaurada antes de me casar, porque por muito tempo eu procurei por um pai, e não por um marido, mas Deus já sabia disso e tem cuidado para que cada coisa ocorra no tempo certo. Hoje eu sei por que quero me casar, também entendo a espera e oro para que todas que se encontrarem em uma situação parecida descubram sua plenitude no Senhor, que ele seja o seu primeiro amor e possa direcionar a escolha do seu marido. Permita que Jesus cure todas as suas feridas, assim terá uma relação muito mais saudável com seu cônjuge. O casamento é uma das maiores e mais importantes decisões da vida, por isso não tenha pressa, e sim zelo.

Espere em Deus, e enquanto espera, viva um tempo de solitude lindo com Jesus, como você nunca teve antes, que possa se descobrir como noiva e que ele ocupe o lugar que é só dele na sua vida. Se você nunca escreveu uma carta para Deus sobre seu marido, escreva. Coloque no papel como você deseja que esse homem seja, nos mínimos detalhes. Depois ore em cima dessa carta, guarde-a e deixe Deus surpreendê-la.

“Se o Senhor prometeu algo a você, confie e creia em suas palavras.”

Amizades certas

Thais Linares

Não se deixem enganar: "As más companhias corrompem os bons costumes".

(1Coríntios 15.33)

De fato, é muito grande o cuidado de Deus por seus filhos, e é possível observar claramente este zelo ao lermos as orientações presentes em sua Palavra. Existem inúmeras passagens com conselhos que devem ser levados em consideração por todas nós, já que eles nos orientam a caminhar com sabedoria e santidade. Entre os diversos ensinamentos, considero especialmente precioso um que nos diz para tomarmos cuidado com nossas companhias e amizades. A palavra instrui: "O justo é cauteloso nas suas amizades, mas o caminho dos ímpios os leva a perder-se" (Provérbios 12.26).

Quero convidá-la a refletir se você realmente tem sido cautelosa com suas amizades e analisado para qual caminho as suas companhias a têm levado. Esses questionamentos são importantes, pois as respostas a eles mostrarão se de fato você tem andado com pessoas que impactam positivamente sua jornada aqui na Terra ou se suas companhias a estão afastando do alvo, que é Cristo.

Muito se fala sobre jugo desigual em relacionamentos amorosos, mas esse cuidado também precisa ser tomado quando se trata de amizades. Afinal, é possível caminhar lado a lado com quem decide se mover para um caminho oposto ao seu? Será que é saudável andar com pessoas que, em vez de a impulsionar para aquilo que Deus quer de você, a guiam para o caminho contrário à vontade do Pai? Você já sabe a resposta para isso.

Devido à nossa natureza caída, vivemos em uma batalha interna, como o apóstolo Paulo afirma em sua carta aos Romanos: "Pois não faço o bem que desejo, mas continuo praticando o mal que não desejo" (7.19). Porém essa luta, por mais árdua que seja, com certeza não serve como desculpa para insistirmos em nossos erros, temos de fazer o que está ao nosso alcance para vivermos de modo agradável ao Senhor. Nesse sentido, um ponto fundamental é nos apegarmos ao que a Bíblia nos ensina sobre as amizades.

Em Provérbios 17.17, aprendemos que os amigos se fazem presentes em momentos difíceis: "O amigo ama em todos os momentos, mas na adversidade nasce um irmão". Um grande exemplo disso pode ser visto na vida do próprio Cristo. Em seu momento de maior angústia e dor, a crucificação, foi somente o seu discípulo amado, João, que permaneceu ao lado do Mestre. Ele estava presente não apenas quando os milagres e maravilhas aconteciam, mas também na hora do sacrifício. Com isso, aprendemos o valor de estar junto aos nossos amigos nos dias bons e na hora em que necessitarmos de ajuda.

Fora isso, a verdade é que bons amigos nos aproximam de Cristo. Vemos, por exemplo, que foi André quem apresentou o Messias a seu irmão, Simão Pedro: "O primeiro que ele encontrou foi Simão, o seu irmão, e lhe disse: — Achamos o Messias — que quer dizer 'Cristo'. Então, ele o levou a Jesus [...]" (João 1.41-42). André é pouco conhecido se comparado aos outros discípulos, entretanto ele teve um papel crucial na história do Evangelho. Além de seu irmão, André também levou alguns gregos a Jesus (cf. João 12.20-22) e o menino que tinha apenas cinco pães e dois peixes, tendo sido este o ponto de partida de um grande milagre (cf. João 6.8). Que possamos ter ao nosso lado amigos como André, que nos levem em direção ao Alvo.

Outro fato que a Palavra nos ensina sobre as amizades certas é que elas nos exortam. "Como o ferro afia o ferro, assim um amigo afia o outro" (Provérbios 27.17, NVT). Ter alguém que concorda com tudo o que você faz pode até ser agradável, mas nem sempre essa é uma atitude de amor. Observamos nas Escrituras que, a todo momento, Moisés exorta o povo de Israel a pedido de Deus, pois era através da exortação que eles endireitavam seus caminhos. Para que andemos em linha reta, muitas vezes precisamos de alguém que seja sincero para nos falar aquilo que não conseguimos perceber sozinhas e aponte a direção certa.

Ao entendermos que nossa missão é conhecer a Cristo e nos tornarmos semelhantes a ele, compreendemos também a importância de caminhar com pessoas que nos encorajam e nos incentivam a alcançar essa meta. Contudo, antes de desejar uma amizade com esses valores, **seja** uma excelente amiga. Seja você a amiga presente, que leva os outros a Cristo e exorta com amor. E lembre-se de se apegar ao melhor amigo que Deus lhe entregou por sua grandiosa graça: Jesus. Assim está escrito: "Já não os chamo servos, porque o servo não sabe o que faz o senhor. Em vez disso, eu **os tenho chamado amigos**, porque tudo o que ouvi do meu Pai tornei conhecido a vocês" (João 15.15).

"Bons amigos nos aproximam de Cristo."

Uma vida de solteira que vale a pena

Jey Reis

Mas aqueles que esperam no SENHOR renovam as suas forças, voam alto como as águias, correm e não ficam exaustos, andam e não se cansam.

(Isaías 40.31)

Esperar pode parecer difícil, só que quando entendemos quem planejou os próximos passos da nossa história, encontramos calmaria nesse processo. Os que confiam no Senhor são como os montes de Sião e eles realmente não se abalam (cf. Salmos 125.1), seja enquanto esperam ou em qualquer outra situação. Mas hoje quero falar especificamente sobre uma espera muito comum entre mulheres cristãs, que é a espera pelo tempo de Deus para sermos encontradas por alguém especial, um homem que nos levará ao altar.

Desde cedo, aprendi que o nosso coração precisa pertencer a Jesus, o nosso Noivo, e é assim que ele se encontrará no lugar mais seguro possível. Estará nas mãos daquele que nos amou primeiro, que nos ama e sempre nos amará. Se nos guardamos assim, para que um homem acesse nosso coração precisa primeiro se aproximar de Deus. Somente ao buscar pela face do Senhor ele poderá nos encontrar, afinal, estaremos escondidas nele. E sim, quando uma mulher que já espera há um bom tempo diz que "está escondida no esconderijo do Altíssimo", muitas vezes apenas brincando, acaba dizendo algo que, no fundo, não está distante da realidade.

Jesus conhece o seu coração, e se você o deixar tomar o controle da sua vida, ele só o entregará a um homem segundo o coração dele. O Senhor confiará a mão da filha preciosa dele, que é você, apenas a alguém que seja digno de confiança. Nós idealizamos, sonhamos, acreditamos que um dia seremos encontradas por um homem lindo e maravilhoso, mas apenas o Senhor conhece de verdade os corações. Ele saberá quem colocar na vida de cada uma de nós, observando a integridade e o caráter por trás de cada rostinho bonito.

Sejamos sinceras: quem nunca achou que havia encontrado um príncipe encantado e acabou descobrindo que na verdade se tratava de um sapo? A Bíblia diz que o ser humano faz planos, e se falasse especificamente sobre a mulher, aposto que diria que "faz **muitos** planos". Mas se há algo especialmente lindo em dedicar nossa vida ao Senhor é saber que maiores que os nossos planos são aqueles que o nosso Pai tem para nós.

Esperar soa assustador, mas é o único caminho para vivermos a boa, perfeita e agradável vontade de Deus, porque ele tem o tempo certo para realizar cada um de seus propósitos. Sempre vale a pena esperar. É nesse processo que você se conhece e, ainda melhor, conhece mais sobre o dono do seu coração, que é Jesus. Mas lembre-se de que esperar não é estar em uma constante agonia, ansiando pelo próximo passo, é descansar e viver a solteirice com leveza e alegria. Aproveite ao máximo para servir ao Senhor sem nenhuma restrição, como diz o apóstolo Paulo: "[...] Quem não é casado cuida das coisas do Senhor, de como agradar ao Senhor" (1Coríntios 7.32, ARA).

É um privilégio poder se dedicar por inteiro à obra do Reino de Deus. Que o seu foco esteja em cumprir os propósitos que o Pai tem para você neste tempo, e não se preocupe em procurar por alguém. Entenda que mulheres virtuosas são encontradas (cf. Provérbios 31.10), elas não saem desesperadas em busca de um homem. Há beleza em estar escondida no esconderijo do Altíssimo, pois nesse lugar você pode descansar deitada nos ombros do seu verdadeiro Amor.

"Apenas o Senhor conhece de verdade os corações."

Minha tão amada noiva,

eu tenho planos lindos para o seu futuro, planos de ver você vivendo ainda mais do que idealizou e sonhou. Eu a chamei para viver esse tempo comigo, e se você esperar em mim eu garanto que dirá: "valeu a pena". Por enquanto, que tal descansar comigo? Esconda-se em mim, entregue-me seu coração, e eu prometo que cuidarei dele e só o entregarei para aquele que também saberá cuidar desse seu lindo coração.

Assim, você será encontrada por aquele que irá amá-la como eu amo a minha Igreja. Afinal, ele me amará tanto que, enquanto me busca, a encontrará no caminho. Essa será uma linda história de amor!

Com amor,

Seu Noivo, que já planejou o seu amanhã.

Como ser melhor a cada dia?

Ludmila Dias

Ensina-me a fazer a tua vontade, pois tu és o meu Deus; que o teu bondoso Espírito me conduza por terreno plano.
(Salmos 143.10)

Provavelmente iremos nos questionar a respeito da nossa conduta e pensar se realmente temos sido boas o suficiente nos diversos papéis que exercemos, seja qual for o que Deus lhe concedeu, o de filha, esposa, mãe, amiga ou líder. Porém, quero lhe trazer uma verdade importante: você sempre pode ser melhor se viver em oração pelo que faz e pelo que está se tornando.

Ser uma mulher de valor, que tem princípios e cumpre seus papéis com excelência, não significa ser perfeita e acertar em absolutamente tudo. Também não é sobre estar sorridente o tempo todo e nunca se sentir fraca. Longe disso, pois não somos perfeitas e nunca seremos. Mas a forma como você lida com aquilo que está ao seu redor, e sua busca por se tornar cada vez mais parecida com a mulher virtuosa (cf. Provérbios 31.10-31) e cumprir a vontade do Senhor, é o que fará a diferença em sua vida.

É claro que falharemos incontáveis vezes, uma vez que somos colocadas diante de novos desafios a cada dia, e nos aventuramos a fazer coisas que não fomos treinadas para realizar. Podemos até receber conselhos, ler livros e carregar aprendizados antes de uma nova fase, e isso é ótimo, mas, na prática, quando estamos vivendo um desafio, algo totalmente novo, é que seremos testadas e teremos a chance de crescer.

Somente aprenderemos de fato a ser uma boa esposa ou uma boa mãe, por exemplo, a partir do momento em que vivemos essa realidade. Eu e você vamos errar, diversas vezes, só que por meio desses erros tiramos grandes aprendizados. E o que a ajudará a ser boa em algo, além da experiência, é sobretudo o seu relacionamento com Cristo. Tenha a tranquilidade de saber que pode errar e busque fazer o seu melhor com a ajuda do Mestre. Se você deseja saber como executar algo é só se aproximar daquele que é perfeito e aprender com ele. Nunca se esqueça de gastar tempo com o Senhor, de dar espaço para que ele molde sua mente e seu coração. Leia a sua Palavra e se derrame aos seus pés.

Se você tem buscado ser melhor, as atitudes mais proveitosas serão meditar e ler a Bíblia, dobrar os seus joelhos em oração, ouvir a voz do Espírito Santo e seguir os seus comandos. Por muito tempo, eu busquei me aprimorar nas diferentes áreas da vida por conta própria e falhei miseravelmente. Também dei ouvidos a muitas pessoas, até que cheguei ao ponto de não saber discernir quais conselhos eram realmente bons. Eu só consegui me tornar a minha melhor versão quando busquei me conectar com o Céu.

Eu não estou dizendo que você não deve ouvir conselhos e aprender com os outros, até porque existem muitas pessoas sábias e cheias do Espírito Santo que podem ajudá-la. Mas nada pode se comparar a estar em um quarto fechado e com um coração quebrantado, aos pés do Senhor e ser ensinada por ele. É dessa forma que eu tenho aprendido, e creio que sempre será assim, porque todos os dias temos algo novo a aprender, em todas as áreas.

Querida, eu não sei em que fonte você tem buscado por sabedoria, mas talvez só não a encontrou porque não tem permitido que Jesus seja o seu professor. Saiba que ele está disposto a nos corrigir e tratar. Não se esqueça também de que as dores do crescimento são reais. Muitas vezes, você irá chorar sozinha e pensar em desistir. Isso pode acontecer, nós temos falhas e o desenvolvimento é um processo doloroso mesmo. Então pensar em parar talvez seja a primeira coisa que venha à nossa mente, mas Jesus nos vê e se orgulha de nós. Ele está sempre perto e olhando cada passo que damos. Aliás, está sempre pronto para nos socorrer e tratar as nossas feridas.

O Senhor se orgulha da sua busca por crescer e ser excelente no papel que ele entregou em suas mãos. Ele sabe que você é capaz de executá-lo e é por isso que ele a chamou. Então, saiba que não há problema em chorar às vezes, nem em parar de vez em quando. Não se cobre tanto, pois creio que você tem dado o seu melhor. Sendo assim, talvez possa e deva tirar um tempo para cuidar de si mesma, o que é essencial para poder cuidar daqueles que ama. Reserve um tempo para você, faça algo de que goste, assista àquela série que lhe agrada, coma sua comida preferida, fique a sós com Jesus. Tenha um carinho e uma atenção especial para com você mesma, sua saúde física e mental valem muito, porque tudo isso reflete nas pessoas ao seu redor.

Ser uma boa esposa, mãe, filha, amiga, etc. nunca se tratou de ser perfeita, pois, cá entre nós, nunca seremos. Mas é sobre buscarmos ser melhores todos os dias e permitirmos que Jesus nos ajude nessa jornada. Fique tranquila, você está indo bem.

“Tenha a tranquilidade de saber que pode errar e busque fazer o seu melhor com a ajuda do Mestre.”

Vivendo em unidade

Isa Dimas

O SENHOR disse: — Se, como um só povo que fala a mesma língua, começaram a fazer isso, nada do que planejem fazer será impossível para eles.

(Gênesis 11.6)

Logo no início do livro de Gênesis, o Senhor mostra como a unidade em nossos relacionamentos é extremamente poderosa. No versículo 18 do segundo capítulo, acontece a primeira união humana na Terra: o próprio Deus forma uma companheira para o homem, a mulher, para que juntos pudessem viver em completa harmonia no jardim.

Um pouco mais à frente, lemos a respeito da construção da Torre de Babel. Por meio dessa passagem, o Senhor nos mostra como um grupo de pessoas que falam em uma só língua e têm um mesmo propósito seriam capazes de fazer o que se propusessem a realizar. Porém sabemos que, nessa história, o esforço coletivo foi empenhado para a construção de um monumento que traria glória ao próprio povo. Eles queriam expor suas habilidades e mostrar sua força. Acabaram exaltando a si mesmos em vez de adorar ao único Deus e, portanto, não tiveram sucesso.

De modo geral, a unidade é sempre poderosa, mas para que ela gere bons resultados precisa ter como objetivo cumprir a vontade de Deus. Ou seja, o nosso coração precisa estar alinhado ao coração dele e disposto a obedecer-lhe. Isso vale tanto para nossas atitudes individuais quanto para as que fazemos em conjunto. Especialmente nesse último caso, é importante considerar o potencial de construirmos coisas grandiosas, e elas devem estar em sintonia com os propósitos do Senhor.

A palavra unidade diz respeito a algo que é um ou único, que não pode ser dividido. E nós fomos criadas justamente para vivermos em completa união com o Senhor, com a nossa família, com nossos amigos e irmãos em Cristo. Aliás, quando se trata da Igreja, Paulo nos ensina que "há um só corpo e um só Espírito, como também uma só esperança quando foram chamados; há um só Senhor, uma só fé, um só batismo, um só Deus e Pai de todos [...]" (Efésios 4.4-6). Isso tem tudo a ver com o Senhor a quem servimos, pois quando lemos sobre a vida de Jesus na Terra, podemos notar que ela foi fortemente marcada por sua união com as pessoas.

Ele mesmo atuava em unidade com o Pai e com o Espírito Santo. Também formou um grupo de seguidores distintos, porém unidos, sendo os 12 mais próximos de origens e costumes diferentes. Alguns eram pescadores, por exemplo, enquanto outro costumava coletar impostos. Mas todos compartilhavam algo em comum: eram discípulos de Cristo, o trabalho deles era servir aos outros e testemunhar sobre o Mestre. Por mais que fossem bem diferentes, o coração de cada um estava alinhado em unidade para cumprir a vontade de Deus.

Na prática, aprendemos que essa jornada pode ser bastante desafiadora. Não é à toa que a Palavra diz para nos sujeitarmos uns aos outros no temor de Cristo (cf. Efésios 5.21). Afinal, para viver em unidade precisamos aprender a honrar as autoridades e valorizar a variedade de dons que Deus entregou a cada um. Todas nós carregamos algo único, temos um propósito e fomos chamadas para fazer algo especial no Reino de Deus. Contudo, só conseguiremos cumprir esse chamado se estivermos em união e alinhadas com as pessoas certas que o Senhor designar para cada uma de nós. Devemos respeitar, dar honra aos líderes e reconhecer o valor de todos aqueles que caminham conosco.

Valorizar as pessoas é uma verdadeira chave em nossos relacionamentos, especialmente quando buscamos unidade. Muitas vezes, teremos de direcionar um alerta ou correção a alguém, sempre com amor, para que ele possa se desenvolver. Mostrar o melhor caminho para quem precisa de direção ou ajudar alguém a permanecer firme nos propósitos de Deus são atitudes que expressam o zelo que temos com os demais. Também é importante estarmos com o coração aberto para quando nós mesmas precisarmos de alguma correção ou alinhamento, pois temos de saber ouvir conselhos que podem agregar em nossa caminhada. Desse modo, o corpo de Cristo se torna mais forte.

Que hoje possamos entender a importância de viver em unidade nas diferentes áreas da nossa vida. Não apenas em um relacionamento conjugal, familiar ou de amizade, mas que saibamos amar e honrar as pessoas que o Senhor coloca ao nosso lado. Deus não nos criou para vivermos sozinhas e ele mesmo nos mostra como a unidade de um povo obediente pode transformar vidas e mudar a história, não só de uma pessoa, e sim de toda uma geração. Permita-se viver em completa unidade, sendo uma com o Senhor e com o Corpo de Cristo, e então veja como a união é poderosa e transformadora.

"Todas nós carregamos algo único, temos um propósito."

Desafio

Semana 4
Não ande sozinha

Jay Santana

É melhor serem dois do que um [...].

(Eclesiastes 4.9)

Já ouviu falar das linguagens do amor?[1] Todo ser humano tem as suas principais, trata-se da maneira que expressamos nosso afeto e do modo pelo qual apreciamos recebê-lo. Acontece que, às vezes, focamos apenas em como **nós** gostamos de entregar amor e não nos atentamos se essa é a forma como a pessoa a quem o oferecemos prefere. Por exemplo, eu amo dar presentes, mas meu noivo se sente mais amado quando dedico tempo a estarmos juntos. Então, se desejo demonstrar meu amor por ele generosamente, é melhor que eu separe um período para cozinhar com ele e depois desfrutarmos a dois do que comprar uma cesta com todos os seus doces preferidos.

Agora, o desafio desta semana será amar de modo abundante, além até do que julgamos ser justo ou correto. A cada dia, escolha uma pessoa próxima a você — uma amiga, um membro da família, ou parceiro — e compartilhe algo que

1 No livro *As cinco linguagens do amor*, Gary Chapman propõe que há basicamente cinco formas pelas quais as pessoas expressam e recebem amor: palavras de afirmação; tempo de qualidade; presentes; atos de serviço; toque físico.

aprecia e valoriza na relação. Além disso, pergunte: como você se sente amado? O que o faz feliz? De que maneira posso melhorar em nosso relacionamento? Esteja genuinamente presente para ouvir e disposta a mudar o que for necessário. Nessa conversa, você também pode ser vulnerável e falar de que forma se sente amada por essa pessoa.

Todos os dias você irá anotar as informações que coletou com cada um. No último, faça uma análise com você mesma e escreva o que for importante. Por fim, peça para Jesus lhe ensinar a ter o coração aberto para amar de forma generosa e verdadeira.

Esse desafio vai além da reflexão sobre a importância de simplesmente amar alguém, pois estimula a ação e uma conexão significativa com aqueles que a cercam. A intenção é motivar você a sair da zona de conforto para cultivar relacionamentos mais fortes e profundos.

Vamos lá?

SEMANA 5

Vivendo bem

Aprendendo a viver o contentamento

Vitoria Dozzo

Devolve-me a alegria da tua salvação e sustenta-me com um espírito pronto a obedecer.

(Salmos 51.12)

"Aprendi o segredo de me sentir contente em todo lugar e em qualquer situação"[1] é uma afirmação feita por Paulo enquanto estava preso por pregar o Evangelho. Essa passagem se encontra na carta que o apóstolo escreveu aos Filipenses, e considero essa a epístola mais cheia de alegria das Escrituras. O segredo que Paulo descobriu, e nós também devemos buscar, é o que ele coloca no versículo seguinte: a certeza de que podemos suportar tudo naquele que nos fortalece, em Jesus (cf. Filipenses 4.13).

Percebo que ele aprendeu a priorizar o que é eterno a ponto de ter o coração totalmente desprendido dos prazeres terrenos, mesmo de coisas simples como o conforto de não estar encarcerado. É justamente esse posicionamento que o nosso coração

1 Filipenses 12.4b, NTLH

precisa alcançar e, por incrível que pareça, foi assim que Paulo encontrou o real contentamento. Quando olhamos para nossa situação, seja ela qual for, e somos capazes de adorar a Deus com sinceridade, sabendo que nada nos falta, é porque temos um coração contente. Isso não significa demonstrar uma alegria forçada, barulhenta e sem sentido, mas é sobre estar verdadeiramente satisfeita no Senhor. É não enxergar a nossa vida com frustração ou um sentimento constante de falta.

Nossa geração é bombardeada a cada segundo por milhares de conteúdos que podem provocar o mais profundo descontentamento na alma. Temos acesso rápido ao recorte mais perfeito da vida dos outros por meio das redes sociais, e muitas vezes vemos isso enquanto lidamos sozinhas com algo desafiador. Então, aquela nossa dificuldade se torna ainda mais evidente, porque parece que o outro já tem tudo resolvido e nós estamos ficando para trás. Somos tomadas por um sentimento doloroso de que a nossa grama nunca está tão verde, bem cuidada e abundante, embora não saibamos quais lutas estão por trás das fotos lindas que postam na internet. Se não encontramos a verdadeira alegria em Jesus, permitimos que mentiras tomem conta da nossa mente e passamos a buscar desesperadamente qualquer coisa que possa nos preencher.

Entretanto, nada poderia nos deixar mais alegres do que contemplar a face de Deus. Sofremos, choramos, sentimos uma imensa dor por conta da comparação a que nos submetemos. Fazemos inúmeros questionamentos. Porém no Senhor encontramos as respostas que precisamos, ele é suficiente para saciar a nossa alma. Toda falta se transforma em pó quando permitimos que o Espírito Santo venha nos preencher. Se buscarmos a sua face, nossos olhos estarão focados no lugar certo; e ao confiar a ele nossas expectativas, podemos crer que não seremos decepcionadas, pois ele sabe o que é melhor.

Como crianças que se distraem com brinquedos brilhantes e coloridos diante de seus olhos, nós também chegamos a crer que algumas conquistas irão nos satisfazer. Corremos na tentativa de agarrar aquilo que se vai com o vento, enquanto deveríamos nos apegar mais e mais em Jesus. Ele é a nossa Rocha, e somente nele podemos construir uma vida que não se abalará, mesmo em meio às tempestades. Quando percebemos que o nosso coração está fraco e entristecido, devemos firmar a nossa fé no Senhor, como Paulo escreve: "[...] sei em quem tenho crido [...]" (2Timóteo 1.12). Essa precisa ser a canção constante dos nossos lábios, pois o simples fato de reconhecermos quem ele é nos fará perceber que já temos o suficiente e podemos descansar.

Lembre-se de que o descontentamento nos afasta da realidade acerca de quem é o nosso Deus. Ele também nos leva a esquecer as bênçãos que recebemos e desalinha nossa perspectiva. Ou seja, estar com um coração descontente é pensar que o Senhor errou na porção que escolheu para nós neste tempo, conquanto a palavra afirme que não somos tentadas além do que podemos suportar (cf. 1Coríntios 10.13) e em sua presença encontramos alegria plena (cf. Salmos 16.11). Estar descontente é dar alegria ao inimigo, enquanto buscar contentamento é nos maravilhar diante da face de Deus.

Se você não tem encontrado alegria em seus dias, talvez esta seja uma boa hora para alinhar as prioridades de sua vida. Podemos desfrutar das coisas boas deste mundo, como relacionamentos, posses, refeições deliciosas e outros pequenos prazeres, desde que nenhum deles tome o centro do nosso coração. Esse lugar pertence ao Senhor. Buscamos constantemente por algo para amar, e se Deus não for o foco deste amor, rapidamente nos voltaremos a deuses falsos. Porém, eles apenas nos conduzirão ao descontentamento e frustração. O segredo de uma vida abundante é colocarmos o Senhor acima de tudo e de todos. Apenas quando buscarmos o Reino de Deus e sua justiça em primeiro lugar, veremos todas as outras coisas serem acrescentadas (cf. Mateus 6.33). Só Jesus pode nos completar, e somente nele desfrutaremos verdadeiramente dos dias que ele nos concede, sem sermos escravas de nada e estando realmente contentes em todo tempo.

“O segredo de uma vida abundante é colocarmos o Senhor acima de tudo e de todos.”

Como organizar a vida?

Isa Dimas

Tudo, porém, deve ser feito com decência e ordem.
(1Coríntios 14.40)

Nesse versículo, vemos uma instrução de Paulo aos cristãos sobre como a decência e a organização são fundamentais para que possamos ter uma vida plena e bem-sucedida. Talvez você conheça algumas mulheres que conseguem atender inúmeras demandas em um único dia. Parece que vivem três dias em apenas um e resolvem diversos assuntos muito rapidamente. Existe um segredo para elas obterem sucesso em todas as coisas que se propõem a fazer: ter organização e disciplina.

O primeiro passo que podemos dar em direção a uma vida mais ordenada é entender que quando nos propomos a fazer uma atividade, seja ela diária ou eventual, precisamos finalizá-la antes de começar a próxima. Ter o costume de sempre "pular de galho em galho", isto é, iniciar uma tarefa e não terminá-la, pode ser extremamente perigoso. Afinal, se isso for recorrente, nos trará o sentimento de que somos incapazes de finalizar projetos e assim acabaremos desanimadas ou até completamente paralisadas.

Uma vez, escutei uma metáfora muito interessante. Um taxista trabalhava com seu carro havia muitos anos e foi buscar alguns passageiros no aeroporto. Chegando lá, ele encontrou um casal que tinha vários filhos e carregava diversas malas. Quando a mãe viu o tamanho do táxi, questionou se toda a bagagem da família caberia naquele porta-malas, porém o taxista a tranquilizou dizendo que ele mesmo cuidaria disso. Começou colocando as maiores, depois as médias e, por último, as menores. A história acaba com o taxista conseguindo levar absolutamente todas as malas daquela família.

Essa metáfora traz uma grande lição para nós. Imagine que o porta-malas são as 24 horas do dia e as malas são os nossos afazeres. É a maneira como nos organizamos e usamos o tempo que fará toda a diferença ao longo da vida. Um ponto essencial é que devemos trabalhar com prioridades: o compromisso mais importante do dia precisa ser cumprido em primeiro lugar, depois atentaremos para os demais. Você perceberá que é capaz de concluir uma boa quantidade de atividades, e mesmo que ainda não tenha noção de quantas "malas" cabem no "porta-malas", aprenderá com o tempo.

Uma pessoa desorganizada começa o dia fazendo aquilo que não é fundamental e deixa as tarefas mais importantes para depois. Na maioria das vezes, inicia, mas não consegue terminar o que se propõe a fazer. Então acaba sem tempo disponível para descansar, fica sempre sobrecarregada e angustiada porque não aproveitou o tempo que tinha em mãos com prudência.

Quando era mais nova, toda vez que tinha muitas coisas para fazer eu ficava ansiosa e usava esta desculpa para não dedicar tempo às coisas de Deus. Só que, um dia, comecei a organizar todas as minhas demandas diárias em uma lista. Hoje em dia, antes de dormir, abro o bloco de notas em meu celular e anoto absolutamente tudo o que preciso fazer no dia seguinte. Sempre começo pelo que é mais importante: orar, ler a Bíblia e tomar o café da manhã, só depois cumpro os outros afazeres. Tenho esse cuidado porque entendi que a desorganização pode causar inúmeros problemas em nossas emoções. Muitas mulheres se encontram perdidas e ansiosas justamente por conta de uma rotina desordenada.

Se você tem dificuldades para ser organizada, peça a Deus para lhe dar graça e sabedoria. Se for preciso, acorde mais cedo, faça uma lista de prioridades e sempre dê o seu melhor para concluí-las.

Lembre-se também de que imprevistos acontecem diariamente, e se não for possível concluir algo, não perca sua paz por isso, apenas não se esqueça de colocá-lo como uma prioridade no dia seguinte e assim sucessivamente.

Algo que faz bastante diferença é anotar tudo. Registre até mesmo coisas que podem parecer desnecessárias de serem marcadas na agenda, como o seu tempo de oração e leitura da Palavra. Ao escrever, seu cérebro identifica aquilo como uma tarefa a ser concluída e, mesmo em dias corridos, você terá o seu compromisso em mente.

Quem é organizada não vive em desespero e tem tempo para tudo o que realmente importa. Sendo assim, não há desculpas de que a "vida é muito corrida" e não lhe permite fazer aquilo que você já deveria ter colocado em prática há um bom tempo. Seja uma mulher organizada, que prioriza o que é essencial, sabe o que quer e como irá alcançar seus objetivos. Essa postura impactará todas as áreas da sua vida, desde a emocional, financeira, até a espiritual. Como o apóstolo nos instrui, faça tudo com decência e ordem.

"Devemos trabalhar com prioridades."

A beleza do ordinário

Ludmila Dias

O SENHOR lhe disse: — Saia e fique no monte, na presença do SENHOR, pois o SENHOR vai passar. Então, veio um vento fortíssimo que separou os montes e esmigalhou as rochas diante do SENHOR, mas o SENHOR não estava no vento. Depois do vento, houve um terremoto, mas o SENHOR não estava no terremoto. Depois do terremoto, veio um fogo, mas o SENHOR não estava nele. Depois do fogo, veio o som de um suave sussurro.

(1Reis 19.11-12)

A palavra "ordinário" significa "que está em conformidade com o habitual; comum, normal. Que se repete com regularidade; que tende a acontecer com frequência; costumeiro, corriqueiro".[2] É uma expressão bem simples, mas que hoje em dia traduz algo valioso para mim. Essa pequena palavra representa a maior parte do nosso tempo, por isso é tão importante aprendermos a ver beleza naquilo que ela reflete: na rotina, no que é comum. Podemos ir ainda mais fundo: além de perceber o valor de dias ordinários, que tal nos propormos a enxergar a grandiosidade de Deus em cada um deles?

Temos vivido tempos em que se busca por algo novo e extraordinário a todo instante. Porém,

2 In.: Dicio, **Dicionário Online** de Português. Porto: 7Graus. 2024. Disponível em: https://dicio.com.br/ordinario/. Acesso em: 8 jun. 2024.

a realidade é que nem sempre viveremos eventos marcantes, muitas vezes nossos dias serão parecidos e a grandeza deles talvez não esteja explícita. Se não atentarmos em perceber como cada momento é precioso, podemos deixar de ouvir a voz suave e mansa de Deus em meio aos dias monótonos. Quando Elias estava esperando o Senhor passar, primeiro viu um vento fortíssimo, mas não era Deus; depois um terremoto, mas também não era Deus. Em seguida houve fogo, também não era ele. Após esses acontecimentos extravagantes, o profeta ouviu um sussurro suave. Era o Senhor, em um simples murmúrio.

Precisamos estar atentas como Elias, prontas para ouvir e obedecer a Deus, mesmo que ele não se manifeste de forma estrondosa como aconteceu no monte Sinai (cf. Êxodo 19.16). É mais fácil perceber a presença do Senhor quando há grandes maravilhas, quando obtemos respostas que transformam nossa vida ou um milagre acontece. Contudo, ele pode se fazer presente no silêncio, quando você fecha a porta do seu quarto e o adora em secreto. Quando você está estudando, sai para trabalhar, limpa a cozinha ou cuida das crianças. Glorificar a Deus no ordinário é buscar se aproximar mais dele em meio ao cotidiano. Até mesmo os dias mais atarefados se tornam mais leves quando fazemos isso, pois percebemos que o Senhor está conosco.

Um dia comum é um ótimo dia para viver grandes momentos com Deus, mas precisamos percebê-lo e escutá-lo. Um exemplo de como um dia simples com Cristo faz toda diferença está em Lucas 5.1-11. A passagem relata que alguns pescadores, discípulos de Cristo, haviam passado a noite toda tentando pescar, mas não conseguiram nada. Jesus olhou para Simão e disse: "Jogue as redes daquele lado", e, obviamente, quem tinha passado a noite inteira pescando já tinha lançado redes naquele mesmo lugar inúmeras vezes. Mas Simão disse: "Porque és tu quem está dizendo isto, vou lançar as redes". Daí em diante, acho que você já sabe o que aconteceu. Eles conseguiram tantos peixes, que a pesca não coube em um só barco.

Tudo muda quando Jesus aparece. Portanto, você tem uma escolha a fazer hoje: viver mais um dia de qualquer forma ou desfrutar de um dia ao lado daquele que faz o ordinário se tornar extraordinário. Permita-se vivenciar tanto os grandes momentos quanto os mais simples com Cristo. Tome uma xícara de café lembrando-se de como ele é bom. Dirija dando graças a Deus porque ele a tem protegido de todo perigo. Lave a louça glorificando por ter se alimentado. Estude agradecendo por sua inteligência e sabedoria. Ouça um louvor, cante, coma, faça o que tiver de fazer ao lado de Cristo.

Que ele possa fazer parte da sua vida constantemente, em toda e qualquer ocasião. Encontre a grandiosidade de Deus em meio aos dias comuns, e quando parecer que não há esperança, pode ser o dia da grande pesca.

"Glorificar a Deus no ordinário é buscar se aproximar mais dele em meio ao cotidiano."

Por que cuidar do corpo?

Bruna Vieira

Acaso não sabem que o corpo de vocês é templo do Espírito Santo, que está em vocês, o qual receberam de Deus? [...] Portanto, glorifiquem a Deus com o corpo de vocês.

(1Coríntios 6.19-20)

Como está escrito, nós somos templo do Espírito Santo e ele habita dentro de cada pessoa que entregou a vida a Cristo. A palavra "templo" indica um lugar sagrado, que deve ser respeitado e bem-tratado. É assim que precisamos lidar com nosso corpo. Alguns pensam que ser cristão está relacionado apenas às questões espirituais, esquecendo-se do aspecto físico. Porém, Paulo deixa claro que fomos compradas por um alto preço, o sangue de Jesus. Isso inclui a nossa vida inteira, tanto nosso corpo quanto alma e espírito. É por isso que vale a pena refletir sobre os cuidados que temos tido ou deveríamos ter com a nossa saúde, afinal, esta é uma forma de glorificarmos a Deus.

Cristo afirma que temos de amar o próximo como a nós mesmas. Então, uma das melhores coisas que podemos fazer pelo outro é zelar pela estrutura física que o Senhor nos deu. Pense comigo: uma pessoa saudável estará muito mais apta para socorrer alguém ou ajudá-la do que uma pessoa enfraquecida.

Além do mais, um bom cuidado com nossa saúde tende a resultar em uma aparência mais bonita, o que eleva a autoestima e pode até nos alegrar. Se estamos bem em todas as áreas, será muito mais fácil fazer algo bom ao outro de forma leve e sincera, pois iremos simplesmente refletir o que carregamos. Por outro lado, uma vida desregrada nos torna mais suscetíveis a ceder às obras da carne (cf. Gálatas 5.19-21).

Há um chamado de Deus sobre a vida de cada uma de nós. Seja pregar a Palavra nas nações, tomar conta de um lar, empreender, dedicar-se ao ministério em tempo integral, etc. De todo modo, precisamos estar saudáveis para cumprir esse chamado. Há muitas coisas que somente você pode fazer por si mesma. O Senhor nos chama e abre o caminho para cumprirmos o propósito que ele separou para nossa vida. Ele faz o que seria impossível fazermos, mas aquilo que está ao nosso alcance somos nós que devemos realizar. Os cuidados básicos com a saúde são ótimos exemplos disso.

Vejo muitos crentes fazendo o que Deus não pediu que fizessem. Preocupam-se em adquirir uma quantidade imensa de bens e exibi-los para todos, só que acabam deixando de zelar por aquilo que o Senhor já lhes entregou. Falo isso por experiência própria, pois passei anos da minha vida bebendo e fumando, sem me alimentar da forma adequada nem fazer exercícios físicos. Claro que um dia a conta chegou, eu comecei a sentir um cansaço fora do normal e dores corporais, além de ter problemas respiratórios e outras questões.

Finalmente, por volta dos meus 25 anos de idade, uma chave virou em minha cabeça. Por trabalhar como modelo na época, comecei a me inspirar no estilo de vida das minhas colegas de profissão e aderi ao que fazia sentido para mim. Foi assim que me dediquei com maior empenho às atividades físicas e a me alimentar de forma saudável; porém, sei que deveria ter iniciado esse processo ainda antes.

Ter uma alimentação equilibrada e nutritiva, fazer musculação e alguns outros exercícios físicos é parte da minha rotina atualmente. Não faço nenhuma dieta restritiva, apenas me alimento bem. Eu me permito comer o que tenho vontade, mas sem exagerar e atentando às reações do meu organismo. Posso dizer algo que senti na pele: seu corpo muda quando você muda. Assim como tudo na nossa vida, trata-se de uma decisão, e quanto antes você a tomar, menos danos sofrerá a médio e longo prazo.

Cuidar do seu corpo é cuidar de você. É ter zelo pelo que o Criador lhe confiou. Caso ainda não esteja colocando isso em prática, saiba que não precisa começar de forma superintensa. No início, fazia exercícios físicos apenas três vezes por semana, depois passei para cinco e hoje chego a treinar até em alguns domingos. Não são todos os dias que estou motivada e, sinceramente, não é algo que amo, mas faço o que tem de ser feito. Minha vida mudou quando eu decidi mudar. Meu corpo é totalmente diferente hoje, eu durmo melhor, comecei a ler mais livros, tenho mais disposição, e a saúde reflete até em minha pele. Tudo isso traz ânimo para mantermos os bons hábitos.

Não pense apenas no agora, mas também no futuro. Há muitas coisas sobre as quais não temos controle, mas podemos decidir sobre como viveremos durante o tempo que o Senhor nos conceder nesta Terra. Faça sua parte e escolha cuidar daquilo que ele lhe entregou.

"Há um chamado de Deus sobre a vida de cada uma de nós."

Ore comigo:

Obrigada Senhor, porque habitas dentro de mim. Sei que não pertenço a mim mesma, tu me compraste por alto preço, com o sangue do teu filho amado, Jesus. Eu te honrarei e te glorificarei com tudo o que tenho e sou, com o meu corpo, alma e espírito.

A importância do descanso

Thais Linares

— Venham a mim todos os que estão cansados e sobrecarregados, e eu darei descanso a vocês. Tomem sobre vocês o meu jugo e aprendam de mim, porque sou manso e humilde de coração, e vocês encontrarão descanso para a alma. Pois o meu jugo é suave, e o meu fardo é leve.

(Mateus 11.28-30)

Na sociedade em que vivemos, normalmente a correria com o trabalho, os estudos e outros afazeres dominam o cotidiano. Devido às preocupações com o futuro e as conquistas que pretendemos alcançar, acabamos crendo que não podemos parar para descansar em momento algum, pois precisamos produzir a todo instante. Muitas vezes, também temos a sensação de que estamos ficando para trás, ou atrasadas, se compararmos nossa jornada com a de pessoas próximas.

Digo isso pois, como mulher, certos pensamentos já dominaram minha mente: "Quando irei namorar? Já tenho 18 anos e não encontrei ninguém!"; "Agora que namoro, quando vou me casar?"; "Estou casada, quando será que terei filhos?"; "Preciso trabalhar mais para dar o melhor para minha família". Questionamentos como esses são mais comuns do que imaginamos e, na maioria das vezes, acreditamos estar em uma corrida contra o tempo para atingirmos nossos ideais o mais rápido possível.

Porém, no fim das contas, esquecemos de desacelerar a mente e o corpo. Logo colhemos os frutos negativos disso, como a ansiedade, insônia, exaustão física e mental. Se você tem o costume de se cobrar demais, quero que guarde isso em seu coração: a sua vida não é uma corrida de **velocidade**, mas sim de **perseverança**. Por isso, parar em alguns momentos e descansar faz parte do processo.

A Palavra de Deus nos traz ensinamentos grandiosos, entre eles está a necessidade do descanso. Podemos encontrar isso na obra da Criação, a qual ocorreu em seis dias, e no sétimo o próprio Deus descansou (cf. Gênesis 2.3). Observamos que Jesus também tirava alguns períodos para deixar a correria de lado, ele frequentemente se retirava do meio da multidão para ter seu tempo a sós com o Pai (cf. Mateus 14.23). Fora isso, Cristo valorizava o tempo de descanso com os seus amigos mais próximos. Imagino que quase sempre eles estavam cercados pela multidão que seguia o Mestre, porém ele tinha o cuidado de dedicar tempo especialmente a seus amigos (cf. Marcos 6.31-32).

Por vivermos tempos em que a busca por bens materiais e conquistas terrenas se tornaram prioridades, ter momentos de tranquilidade é visto como algo errado. E até nisso o Inimigo opera. Sem perceber, as preocupações do dia a dia e com o futuro ocupam o lugar de Deus em nosso coração. Deixamos de frequentar os cultos, colocamos de lado nosso tempo com o Senhor e até esquecemos de priorizar refeições com nossas famílias para cumprir demandas que, aos olhos desta geração, são mais relevantes. Aos poucos, de maneira quase imperceptível, passamos a desvalorizar o que é eterno para investir no que é superficial.

É curioso como a pressão para nos esforçarmos 100% do tempo afeta até a maneira como vemos nosso relacionamento com Deus. A todo instante, achamos que devemos trabalhar ao máximo para merecer o amor do Pai. Pensamos que, se não estivermos à frente de um ministério, ou se não o impressionarmos com nossas obras, não seremos dignas do seu amor. Porém, a verdade é que somos amadas por sua graça, não por meio do que realizamos. Não temos de empenhar esforço nenhum para obter esse amor.

Se existe algo que o Senhor deseja para nós é que possamos valorizar o descanso, pois em meio ao caos torna-se muito mais difícil atentarmos à sua voz. Não permita que a falta de tempo e as distrações da vida corrida a impeça de ouvir o que o Senhor tem para lhe dizer.

Assim como Jesus, aprenda a se retirar de tempos em tempos para apenas descansar e falar com o Pai. O Senhor convida você a confiar seus fardos a ele. Por isso, o meu desafio é que você consiga ter um tempo de lazer com sua família e amigos. Desligue-se das tarefas pesadas e aproveite esse momento. Separe também um tempo para meditar na Palavra, visite um lugar novo, leia pelo menos um capítulo de um bom livro, escute músicas divertidas e desfrute de um tempo especial com as pessoas ao seu redor. Lembre-se: o nosso descanso também glorifica a Deus.

"A sua vida não é uma corrida de velocidade, mas sim de perseverança."

Disciplina financeira

Jay Santana

— Ninguém pode servir a dois senhores, pois odiará um e amará o outro, ou se dedicará a um e desprezará o outro. Vocês não podem servir a Deus e ao dinheiro.

(Mateus 6.24)

Em um mundo onde o dinheiro muitas vezes é idolatrado e a tentação do consumismo se mostra constante, é essencial buscarmos a orientação bíblica para essa área de nossa vida, assim como fazemos com todas as outras. Por muito tempo, eu me questionei sobre como administrar bem minhas finanças, e já duvidei demais do meu potencial para fazer isso. Fui uma pessoa completamente cega a respeito desse assunto. Admito que negligenciei a gestão financeira até o momento em que percebi como ela impactava os demais aspectos da minha vida. Percebi que não à toa Jesus falou bastante sobre dinheiro e posses materiais, ele reconhecia seu efeito na vida das pessoas, isto é, como podem influenciar suas prioridades, relacionamentos e saúde, tanto mental quanto física.

Comecei a notar que a minha ignorância sobre esse tema me levava ao estresse e à ansiedade, pois nunca sabia se teria os recursos para cobrir cada uma das minhas despesas. Também tinha o costume de desperdiçar dinheiro. Afinal, quando não planejamos nossas despesas de forma eficaz, corremos o risco de gastar com coisas supérfluas, em vez de investir no que vale a pena. Minha falta de organização e planejamento me impossibilitava de ter metas para poupar e, consequentemente, não tinha recursos guardados para quando fosse necessário. Sem gerir corretamente minhas finanças, muitas vezes pensava que não tinha o suficiente para honrar ao Senhor com meus dízimos e ofertas. Acabava crendo também que era o dinheiro que poderia me trazer provisão, não o próprio Deus.

Tudo isso se tornou uma grande bola de neve. A ansiedade se juntou ao estresse, o que levava aos desperdícios. E foi então que notei: a pessoa que não consegue administrar suas finanças é aquela que não administra bem suas emoções. As duas coisas estão interligadas, e eu imagino que talvez por isso Jesus tenha nos instruído a não deixarmos que o dinheiro guie nossa vida. Lemos que "[...] o amor ao dinheiro é a raiz de todos os males [...]" (1Timóteo 6.10), ou seja, o problema não é o dinheiro em si, mas amá-lo e permitir que ele guie nossa vida, ditando cada decisão que tomamos. É como uma equação: o amor pelo dinheiro nos leva a crer mais no poder dele do que em qualquer outra coisa. Isso resulta em uma fé que se abala quando não temos a quantia que gostaríamos ou percebemos que o dinheiro não resolve certas situações.

Saber administrar nossas finanças tem tudo a ver com entregarmos tudo nas mãos de Cristo. É ter a consciência de primeiramente devolver ao Senhor o que já é dele, o dízimo (cf. Malaquias 3.8-10), pois isso mostra nossa fidelidade. É ter a coragem de clamar por direção a Deus antes de qualquer decisão. Entrar no secreto diariamente e pedir que ele quebre toda raiz de idolatria ao dinheiro que possa haver em nós e que nos dê sabedoria para controlarmos os recursos sem que eles nos controlem. É buscar conhecimento sobre o assunto à luz da Palavra, pois assim reconhecemos que o Senhor é o melhor professor de finanças que existe.

Um fato que devemos entender é que ele não se importa com a quantia, mas sim com o valor da sua entrega. Temos certeza disso quando olhamos para duas histórias distintas na Bíblia: a da viúva pobre (Marcos 12.41-44) e da mulher que ungiu Jesus (Mateus 26.6-13). Em cada uma, a quantia ofertada foi diferente, porém a alegria do Senhor foi a mesma, pois ele observava a motivação do coração. A viúva entregou o que para as pessoas parecia uma miséria, mas Jesus sabia que com aquele gesto ela não entregava seu dinheiro, e sim seu coração. Quanto à mulher que ungiu seus pés, muitos creram que foi um desperdício derramar um perfume tão caro nos pés de alguém. Porém Jesus elogiou sua ação, reconhecendo que a sua entrega expressava quão importante ele era para aquela mulher.

Nossa maneira de lidar com o dinheiro revela onde está nossa verdadeira lealdade e confiança. Assim como a mulher virtuosa descrita em Provérbios 31, que administra com sabedoria os recursos de sua casa, nós somos chamadas a agir com diligência, generosidade e prudência em relação às nossas finanças. Devemos buscar em Deus a sabedoria para tomar boas decisões, honrá-lo com nossos bens e ser boas administradoras dos talentos que ele nos confiou. Isso significa cultivar um coração generoso, grato e confiante no Senhor, reconhecendo que tudo o que temos vem dele e deve ser usado para glorificá-lo e abençoar vidas. Ao colocarmos esses ensinamentos em prática no nosso dia a dia, estaremos não apenas edificando nossos lares e honrando a Deus, mas também testemunhando o seu amor e providência em todas as áreas da nossa vida.

"O Senhor é o melhor professor de finanças que existe."

Vivendo o sobrenatural no dia a dia

Jey Reis

Por isso, não desanimamos. Embora exteriormente nos desgastemos, interiormente estamos sendo renovados dia após dia.

(2Coríntios 4.16)

Os seus dias podem conter mais do que uma série de compromissos marcados na agenda, eles podem ir além de uma rotina a cumprir. Algo que o Espírito Santo tem me ensinado é que não há forma melhor de viver do que tendo um dia a dia sobrenatural. Todos os dias somos bombardeadas por demandas naturais, que são necessárias, mas como filhas de Deus e participantes do Reino há algo **muito** maior para nós. É normal cairmos na rotina muitas vezes, e não há erro nisso, porque devemos ser organizadas e responsáveis. O problema é nos tornarmos reféns de uma agenda lotada a ponto de vivermos cada compromisso no modo automático.

É por isso que eu quero encorajar você, hoje, a colocar na sua agenda do dia um compromisso com o Espírito Santo: viver a sua rotina de forma sobrenatural. Além do seu tempo com Deus, que muitas vezes acontece com os minutos contados, você pode aproveitar as 24 horas do dia buscando revelações, milagres e a presença de Jesus. Ao longo do seu dia, ele quer não apenas abençoar você, mas os outros também. Ele quer deixar a marca dele por meio da sua vida onde quer que você passe.

Na hora de pedir um prato em um restaurante, ele pode encontrar a pessoa que a atender. Em uma simples ida ao mercado ou ao shopping, em um dia de culto normal, quando for enviar uma mensagem para uma amiga, em todos esses momentos comuns, o Senhor pode manifestar o sobrenatural da forma que só ele pode fazer.

Para viver isso, precisamos entender que por mais que o planejamento seja importante, Jesus pode bagunçar nossos planos e mudar o rumo do nosso dia. Entregue o controle de tudo a ele, até mesmo as questões simples de um dia comum, e assim você verá o sobrenatural. Depois, precisamos mudar o nosso olhar, afinal, aquilo que parece um momento qualquer pode se tornar a hora de alguém receber um toque de Deus.

Vivendo assim, nenhum dos seus dias será como o outro, e você vai começar a viver de verdade o que a Palavra diz em Lamentações 3.22-23: "Graças ao grande amor do Senhor é que não somos consumidos, pois as suas misericórdias são inesgotáveis. Renovam-se cada manhã; grande é a sua fidelidade!".

“Entregue o controle de tudo a Deus, até mesmo as questões simples de um dia comum.”

Minha preciosa,

eu quero lhe dar algo novo todos os dias. Eu quero ter mais do que um momento do seu dia e fazer parte de cada momento ao seu lado. Mais do que uma vida com uma agenda cheia de afazeres, quero que sua vida seja cheia de propósito. Eu quero estar nos detalhes do seu cotidiano e demonstrar minhas misericórdias dia após dia, para que você viva o sobrenatural. Eu quero que cada minuto, cada segundo da sua vida seja intencional. Desejo transformar o seu dia a dia para que ele seja nosso. Que tal vivermos isso hoje?

Com amor e expectativa,

Aquele que renova os seus dias.

Desafio

Semana 5
Vivendo bem

Ludmila Dias

Que todas estas palavras que hoje lhe ordeno estejam no seu coração.

(Deuteronômio 6.6)

O desafio que eu proponho é passar uma semana inteira levando a sua Bíblia para onde quer que você vá. Vai para a academia? Leve sua Bíblia. Está indo trabalhar? Leve sua Bíblia. Visitar alguém? Leve sua Bíblia. Vai para a faculdade? Leve sua Bíblia. Não vai sair de casa? Sem problema algum, esteja com ela por perto. Não importa aonde vá, você vai carregá-la. Outra coisa: não é escondida dentro de uma bolsa, ande com ela em suas mãos e a deixe visível.

Fazer isso pode ser embaraçoso para algumas pessoas, mas lembre-se de que carregar a Palavra não deve ser um motivo de vergonha, muito pelo contrário. Cumprir esse desafio vai ajudá-la a se lembrar de que Deus anda com você por onde quer que vá, que ele está do seu lado em todas as suas atividades, sempre. Além do mais, será um bom lembrete para você trazer as palavras do Senhor à memória e colocá-las em prática no dia a dia.

A nossa vida ordinária é, na verdade, extraordinária, você só precisa abrir seus olhos para perceber isso. Aprenda a ver Deus, a ouvir sua voz e a sentir o seu toque nas coisas mais simples do cotidiano. Acredito que, estando com a sua Bíblia a todo momento, você se lembrará de incluir o Senhor na sua rotina. Sei que existem dias tão corridos na nossa vida que, muitas vezes, esquecemos que ele está conosco mesmo na correria.

Então vamos juntas?

Não se esqueça de postar a foto de algum momento específico desta semana em suas redes sociais e me marcar, para que eu veja que você está cumprindo o desafio.

SEMANA 6

Para o Senhor

Qual é o meu papel na sociedade e na Igreja?

Jey Reis

Assim, quer vocês comam, quer bebam, quer façam qualquer outra coisa, façam tudo para a glória de Deus.
(1Coríntios 10.31)

Como diz a Palavra, devemos fazer tudo para a glória de Deus. Por isso precisamos entender que em cada área da nossa vida é necessário erguer um altar de adoração a ele. Sinceramente, essa não é uma tarefa simples. Falar ou até mesmo ler sobre o assunto pode ser fácil, mas no dia a dia percebemos o quanto viver o que está escrito em 1Coríntios 10.31 se torna desafiador. Apesar das dificuldades, porém, temos de honrar ao Senhor e lhe dar glória em tudo que fizermos.

Cabe a nós, que nos entregamos a Cristo, termos uma vida digna daquele a quem chamamos de Senhor e Pai. Isso deve acontecer mesmo quando estivermos sem vontade de estudar, cansadas de trabalhar, sem ânimo para cuidar do corpo, em um ambiente desconfortável ou até quando formos maltratadas por pessoas à nossa volta. A circunstância em que nos encontramos não muda quem somos: filhas de Deus, feitas para dar honra e glória para ele, sendo excelentes no que tivermos de realizar.

Quando entendermos que o ambiente e a situação em que estamos em determinado momento não altera quem somos e quem fomos criadas para ser, finalmente compreenderemos nosso papel na sociedade. O Senhor nos chamou para sermos suas testemunhas, e isso significa anunciar a sua vida, morte e ressurreição por meio de cada atitude, de cada sorriso, da maneira como nos dedicamos às coisas comuns.

Em um mundo corrompido e cheio de loucuras, parece impossível ser um espelho do caráter de Cristo, mas esse é justamente o processo da santificação. Isto é, quando dia após dia mortificamos a nossa carne para cumprir a vontade do Pai. Viver assim pode parecer complicado ou até impossível, e é verdade que não conseguiríamos sozinhas, porém aquele que nos chamou também nos ajuda e fortalece: "Não fui eu que ordenei a você? Seja forte e corajoso! Não se apavore nem desanime, pois o SENHOR, o seu Deus, estará com você por onde você andar" (Josué 1.9).

A nossa missão como mulheres que buscam refletir a Cristo neste mundo é trazer luz a todos que estão na escuridão. E a luz de Jesus será vista quando nós, filhas do Rei, mensageiras e testemunhas do Salvador, começarmos a refleti-la na maneira como agimos, falamos e fazemos absolutamente qualquer coisa. Existe uma frase famosa, geralmente atribuída a São Francisco de Assis, que diz o seguinte: "Pregue o Evangelho o tempo todo, se necessário use palavras". Creio que isso resume a nossa missão: precisamos **ser** a pregação do Evangelho de Cristo onde estivermos. Devemos viver a Palavra de Deus, realizando a missão mais linda que existe: fazê-lo conhecido. Enquanto isso, que toda honra, glória e louvor sejam dados a ele. A missão não é fácil, mas vale a pena. Você foi chamada para isso.

“O Senhor nos chamou para sermos suas testemunhas.”

Minha imagem e semelhança,

eu a criei com minhas mãos, moldei cada detalhe seu e coloquei o meu DNA em você. Eu a formei para que me conhecesse e me fizesse conhecido. Eu a fiz para que refletisse a minha luz e iluminasse este mundo cheio de trevas. Onde você pisar não haverá mais escuridão, afinal, você tem a mim, e eu sou a Luz do mundo. Eu chamei você para mudar todos os ambientes em que entrar. Quando você me honra no pouco, eu a vejo. Mesmo que não pareça, outras pessoas também têm a chance de me ver por meio da sua vida. Sua missão é linda, pois fui eu que a escrevi.

Obs.: Eu amo quando você usa sua vida como instrumento para me dar glória, isso me alegra!

Com amor,

Seu Paizinho que ama você.

A importância da igreja local

Isa Dimas

E não deixemos de nos reunir como igreja, segundo o costume de alguns, mas procuremos encorajar uns aos outros, sobretudo agora que vocês veem aproximar-se o Dia.

(Hebreus 10.25)

Acho interessante como a Bíblia, um livro escrito há mais de 2.500 anos, continua sendo extremamente atual e esclarecedora. Nesse versículo de Hebreus, o autor enfatiza que não podemos parar de nos reunir como Igreja; esse foi um erro que aconteceu no passado e continua sendo reproduzido nos dias atuais. Precisamos entender que a Igreja é o corpo de Cristo nesta Terra e foi ele mesmo quem a estabeleceu (cf. Mateus 16.18).

Desde muito nova, fui ensinada a ir aos cultos todas as semanas, e essa prática se fez presente durante toda a minha vida. Porém, passei por uma situação que gerou em mim uma grande ferida em relação à igreja local; então, por um breve período, não a frequentei. Posso dizer com propriedade que entendo como todas que já passaram por algo parecido se sentem. Sei como é difícil abrirmos nosso coração para voltar a fazer parte de uma comunidade. A decepção pode tentar roubar o verdadeiro significado desse lugar, mas a realidade é que isso acontece quando colocamos o ser humano no "centro" de tudo, e não o próprio Deus.

Quando entendemos que todos os homens estão sujeitos ao erro (cf. 1Coríntios 10.12), percebemos que nossos olhos devem estar fixos no nosso amado Jesus, ele sim é perfeito. Claro que se soubermos de algo incoerente com a Palavra acontecendo na igreja e não pudermos ajudar a melhorar a situação, podemos pedir ao Espírito Santo por direcionamento para congregar e servir em outro lugar. O que não podemos fazer é desobedecer à instrução que recebemos nas Escrituras, devemos nos reunir.

Acredito que pelo menos uma vez em sua vida você pensou que não precisaria fazer parte de uma igreja para adorar ao Senhor. E isso é verdade, pois podemos e devemos adorar a Deus em qualquer lugar. Porém, a igreja local é importante por vários outros motivos, e um dos principais é formar relacionamentos essenciais em nossa caminhada com Cristo. Aliás, uma das armadilhas do Inimigo é nos fazer pensar que somos melhores sozinhas, que não precisamos de pessoas que caminham no mesmo propósito que nós, nem de uma cobertura espiritual ou conselhos de quem é mais sábio e experiente. Chegamos a crer que podemos viver muito bem longe da igreja, apenas amando ao Senhor.

Acontece que quando uma igreja unida se levanta, o Inimigo não tem mais forças para paralisar e destruir as vidas que ali estão, então tome muito cuidado com as feridas que foram usadas para afastá-la dessa instituição estabelecida por Deus. Já vivi tantas experiências incríveis com Jesus dentro da igreja ao longo da minha vida, que nenhuma liderança ou relacionamento que deu errado no passado poderia me tirar dela hoje. Na igreja encontramos uma base, um lugar para aprender, amar, servir e amadurecer.

Então, sim, é necessário fazermos parte de uma igreja. Não se trata apenas de um local, é um ponto de encontro para relacionamentos. A igreja revela a força de um povo que fala em uma só língua, que tem seu coração e mente voltados a fazer a vontade daquele que nos criou e nos ama incondicionalmente. Como Igreja, servimos ao Deus soberano, que não erra, não é homem para que minta, nem filho do homem para que se arrependa (cf. Números 23.19). Ele **nos ama** e não deseja que passemos pelas tempestades da vida sozinhas. O Senhor preparou um lugar onde muitas pessoas irão nos amar e estender as mãos, não para julgar, e sim para nos ajudar a permanecer em fé e confiança nos caminhos dele.

Para quem já percebeu o valor da igreja e faz parte de uma, deixo ainda uma reflexão: saiba ser parecida com Marta, pronta para servir, mas também com Maria, que se derrama aos pés de Jesus. Sirva com amor, excelência e organização. Porém, esteja atenta para perceber a doce presença do Senhor e renda-se. Quando ele se manifestar, saiba discernir a hora de parar tudo o que estiver fazendo e receber a porção que ele tem para você naquele momento. Pois ele deseja acessar seu coração vez após vez.

Convido você a orar hoje pedindo por mais sensibilidade e para que o Senhor a direcione para o lugar certo. Que o Espírito Santo conduza você a uma igreja onde encontrará sua família em Cristo, e se já estiver neste lugar, entenda o propósito celestial que ele deseja realizar em sua vida e por meio dela nesse ambiente.

"Podemos e devemos adorar a Deus em qualquer lugar."

Como descobrir o meu propósito?

Thais Linares

Nele fomos também escolhidos, tendo sido predestinados conforme o plano daquele que faz todas as coisas segundo o propósito da sua vontade, a fim de que nós, os que primeiro esperamos em Cristo, sejamos para o louvor da sua glória.

(Efésios 1.11-12)

Em algum momento, todos se perguntam sobre o motivo da própria existência. Questionamentos como "Para que eu nasci?", "Qual meu objetivo nesta Terra?" ou "Qual é meu propósito?" são mais comuns do que imaginamos, afinal, são as respostas a essas perguntas que direcionam nossas escolhas e a forma como vivemos.

Como seres racionais, buscamos incessantemente compreender por completo o motivo de nossa existência e o que Deus nos chama a realizar. Vivemos pensando que a vontade dele sobre nossa vida está escondida, como um tesouro enterrado em um solo desconhecido. Porém a verdade é que a vontade primordial do Pai para nós sempre esteve revelada em sua Palavra: **fomos criadas para ter um relacionamento com o Criador**.

O livro de Gênesis nos revela que, desde os tempos de Adão e Eva, Deus descia ao jardim para ter comunhão com o homem na viração do dia (cf. Gênesis 3.8). Mesmo após a Queda, o Senhor não deixou de se comunicar com o seu povo, e para que a comunhão fosse restabelecida entre o Criador e a criatura, seu Filho Unigênito foi entregue. Assim como mencionado em Efésios 1.11-12, fomos feitas para o louvor da sua glória. Por isso, antes de viver ansiosa para descobrir seu propósito e o que fará da vida, não se esqueça do seu chamado primordial, o qual é viver aos pés de Jesus. Foi para isso que você nasceu.

A partir do momento que temos clareza de que existimos para ter comunhão com Deus e vivemos conforme esta verdade, entendemos que **nosso propósito não é apenas conhecer a Cristo, mas também fazê-lo conhecido**. Quando uma árvore é plantada em solo fértil e cultivada, sua tendência é dar frutos. Ao entendermos nosso propósito principal e criarmos raízes com o Senhor, assim como uma boa árvore, geramos bons resultados. A cada uma de nós ele concedeu uma série de dons e habilidades. Por meio deles poderemos demonstrar aquilo que Jesus fez por nós, para que as pessoas que nos cercam reconheçam a bondade e a graça dele.

Pode parecer muito difícil saber como encontrar e exercer nosso propósito individual. Esperamos por sinais e revelações extraordinárias para descobrir nosso chamado, quando na verdade podemos começar a observá-lo em nosso cotidiano ordinário. De forma prática, quero levar você a refletir sobre três perguntas que a ajudarão a ter clareza sobre o seu chamado.

A primeira pergunta é: **o que você mais tem prazer em fazer?** Observe aquilo que faz você se sentir viva e alegre ao realizar. Talvez seja ensinar, cantar, dançar, aconselhar, entre outras atividades. Pense nisso e anote. Em segundo lugar, pense: **qual é a sua maior habilidade?** Todas nós temos alguma habilidade que se destaca, algo que fazemos sem muito esforço. Com sua tamanha bondade, Deus nos criou com diversos dons e talentos, tanto artísticos quanto comunicativos, acadêmicos, e assim por diante. Analise esse ponto e anote também.

Por último, mas não menos importante: **o que mais incomoda você neste mundo?** Essa pergunta é essencial para esclarecer o seu propósito, pois é por meio de suas habilidades unidas ao que gosta de fazer que você terá a chance de buscar soluções para alguns problemas que atingem a humanidade.

Para esclarecer um pouco mais esse processo, darei o exemplo da minha vida para você. Uma das coisas que mais tenho prazer em fazer é ensinar, gravar vídeos e fazer as pessoas sorrirem, enquanto minha maior habilidade sempre foi a comunicação. Uma das coisas que mais me incomoda no mundo é o fato de pessoas acharem que viver para o Senhor é algo chato ou entediante. Unindo todos esses aspectos, encontrei algo para fazer atualmente: gravo conteúdo cristão para as redes sociais, assim levo a mensagem de Jesus a milhares de pessoas de forma descontraída e compartilho pequenos aprendizados da rotina com muito bom humor.

Com a direção do Espírito Santo e com a ajuda dessas três perguntas, que você possa descobrir seu propósito com tranquilidade. Busque exercer os talentos que o Senhor confiou em suas mãos para que o nome dele seja conhecido e glorificado. Por fim, não se desespere para descobrir seu propósito individual. Mantenha-se vivendo aos pés de Jesus, pois antes de dar frutos você precisa ser um ramo ligado à Videira verdadeira. Foi para isso que o Senhor a criou (cf. João 15.1-3).

“Nosso propósito
não é apenas
conhecer a Cristo,
mas também
fazê-lo conhecido.”

Você não precisa lutar sozinha

Ludmila Dias

Quando clamei, tu me respondeste; deste-me força e coragem.

(Salmos 138.3)

Lembro que, quando era criança, costumava ser uma aluna e filha muito boa, a minha mãe sempre me dizia: "Eu sei que você é capaz, você consegue fazer o que quiser". Suas palavras de encorajamento mostravam apenas o quanto ela confiava em mim. O problema é que, por algum motivo, me levaram a pensar que eu nunca poderia falhar. Assim, eu me empenhava para dar conta de tudo sozinha, crendo que errar não era uma opção, nem pedir ajuda. O tempo passou, eu cresci, mas continuei pensando que jamais poderia falhar. Seja o que for que me propusesse a fazer, dava tudo de mim. Se algo desse errado, eu me via como um verdadeiro fracasso.

Mas você deve saber que, quando iniciamos uma jornada com Jesus, há uma série de questões que precisam ser alinhadas em nossa vida, especialmente em nossa mentalidade. No meu caso, as crenças de que conseguiria dar conta de tudo sozinha, que era superforte por conta própria e que nunca poderia falhar eram justamente alguns dos primeiros fatores que Cristo transformaria em mim.

Se você observar bem a passagem de Mateus 14.25-31, que relata o episódio em que Pedro andou sobre as águas, verá algo muito curioso. Há uma parte que reparei só depois de bastante tempo e de reler esse trecho algumas vezes. Após ver o vento forte, a tempestade, as grandes ondas e ficar com medo, Pedro começou a afundar. Ele submergiu até o momento que gritou: "Senhor, salva-me". Jesus imediatamente estendeu a mão e o segurou. Ele disse: "Homem de pequena fé, por que você duvidou?".

A Bíblia afirma que Jesus estendeu a mão **imediatamente**, assim que Pedro pediu ajuda. Com isso, entendo que o Senhor estenderá a mão no momento em que clamarmos por ele. Sempre nos socorre quando as ondas forem fortes demais. Não precisamos enfrentá-las sozinhas.

Eu tinha todas aquelas crenças martelando em minha mente, pensava que seria vergonhoso pedir ajuda; era como se nada pudesse sair do meu controle. Mas descobri, por exemplo, que parar de vez em quando para descansar não significa que estou desistindo ou que sou fraca, apenas que confio em Cristo. Confio que ele me concede os recursos necessários para lidar com cada circunstância e não me vê como uma desistente, e sim como alguém que busca seu auxílio para cumprir propósitos celestiais de forma leve e alegre.

Jesus trabalhará em diversas áreas da sua vida, seja ministerial, seja profissional, emocional, e a colocará diante de desafios que talvez você não seja capaz de enfrentar sozinha, pois ele mesmo estará pronto para lutar à sua frente. Ele estará com a mão estendida toda vez que precisar de ajuda. Cuidará de você e jamais a abandonará.

Eu não sei quais talentos ele colocou em suas mãos, ou para qual propósito a chamou a realizar nesta Terra, mas sei que se ele lhe entregou essas coisas, é porque confia em você e sabe o quanto é capaz. Ao mesmo tempo, ele conhece suas limitações e estará ao seu lado em todos os momentos. Você não precisa se envergonhar quando for necessário parar por um instante e descansar. Também não precisa carregar o mundo em suas costas, muito menos ser forte o tempo todo. Lembre-se: "Lancem sobre ele toda a sua ansiedade, porque ele cuida de vocês" (1Pedro 5.7). Cristo cuida de você e lhe dará força e coragem, aprenda simplesmente a descansar nele, confiando em sua palavra.

“Você não precisa se envergonhar quando for necessário parar por um instante e descansar.”

O mercado de trabalho como campo missionário

Vitoria Dozzo

Como prometi a Moisés, eu darei a vocês todo lugar onde puserem os pés.

(Josué 1.3)

Desde a minha conversão, enfrentei alguns processos difíceis em relação ao trabalho. Comecei a atuar no mercado muito nova, pois sempre gostei de conquistar meus objetivos e ter meu dinheiro. Porém, ao ter um encontro com Jesus que virou minha vida de cabeça para baixo (da melhor forma possível), comecei a questionar se eu deveria estar inserida no mundo dos negócios ou ser missionária, em tempo integral, da forma como conhecemos — a pessoa que vai para as regiões mais carentes e prega para as multidões.

Muitas vezes, comparei-me com amigos que viviam essa outra realidade e acabava me sentindo uma pessoa fútil ou "menos cristã" pelo simples fato de ter uma rotina comum. Contudo, toda vez que colocava isso diante do Senhor, atenta para o que ele tinha a dizer a esse respeito, entendia claramente que eu não fui chamada para o campo missionário tradicional, e sim para servi-lo no mercado de trabalho.

Como recém-convertida, com o coração transbordante de amor por Jesus, já tinha dado inúmeros passos loucos em minha vida por conta do Evangelho. Parecia que a única coisa que estava fora do lugar era o fato de eu não ter aquele estilo de vida que eu imaginava ser necessário para estar verdadeiramente entregue a Cristo. No fundo, sempre que dizia haver concedido tudo de mim para Jesus, eu me sentia como uma impostora. Isso, porque eu ainda tinha segurança financeira e trabalhava normalmente, sem ser mártir da Igreja ou uma missionária no Nepal.

Mas o Senhor, em sua infinita misericórdia e paciência com os novos convertidos emocionados, logo ministrou ao meu coração tratando essa área. Ele mesmo me mostrou que meu trabalho não era menos digno e honroso do que o de alguém que se dedica a vacinar crianças na África, por exemplo. Desde que eu esteja em obediência ao Senhor, fazendo o que ele me chamou a fazer, meu trabalho é uma forma de adorá-lo, seja em um escritório, ateliê ou onde quer que for.

Eu tenho completa convicção de que o chamado missionário é para todos, cada cristão recebeu a incumbência de anunciar o Evangelho. Mas o que eu não entendia é que a missão poderia ser tanto em Moçambique e Sertão Nordestino quanto em Paris, Londres, no bairro onde moramos ou na empresa em que trabalhamos. Que ignorância era a minha por pensar que apenas uma parcela das pessoas precisava de Jesus. A Palavra diz que "[...] todos pecaram e estão destituídos da glória de Deus, sendo justificados gratuitamente por sua graça, por meio da redenção que há em Cristo Jesus" (Romanos 3.23-24). Todos carecem de redenção. Da mesma forma que eu necessito do Senhor, isso também vale para um morador de rua e um empresário multimilionário.

Sabendo disso, devemos pensar também no questionamento que Paulo faz aos romanos: "[...] E como ouvirão se não houver quem pregue? E como pregarão se não forem enviados? Como está escrito: 'Como são belos os pés daqueles que anunciam boas-novas!'" (Romanos 10.14-15). Ao ler essa passagem, fica clara a necessidade de anunciarmos o Evangelho por todos os cantos. O consultório onde você atende seus pacientes, a sala de aula em que você leciona, a loja onde recebe clientes, todos estes ambientes e muitos outros podem ser seu campo missionário.

Vejo a vida dos missionários de lugares longínquos e carentes com profunda admiração. Contudo, também admiro a engenheira que espalha a mensagem de Cristo enquanto atende seus clientes e lida com os pedreiros que trabalham com ela de forma excelente. Seja o que for que o Senhor nos confiar, deve ser executado da melhor maneira possível; tudo o que fizermos deve ser para a glória de Deus, como se ele fosse o nosso patrão. Essa é uma forma justa, digna e santa de trabalharmos. Somos chamadas para a excelência porque somos filhas de um Deus excelente.

A cada dia de trabalho, dê o seu melhor. Não negocie seus princípios, seja honesta e dedicada, atenda as pessoas com amor e bondade. Tenha uma vida financeira reta. Não fofoque sobre seus colegas, não participe das mesas de escarnecedores. Seja gentil com funcionários de todos os níveis, importe-se com as pessoas e com a vida delas, ore por cada uma quando tiver a chance. Ame como Jesus amou, trabalhe como ele trabalharia. Dê um bom testemunho e faça as pessoas se perguntarem o que há de diferente em sua vida, para que você possa abrir um sorriso na melhor oportunidade e dizer: "Venha e veja! Existe um Deus ao qual eu sirvo e por quem eu vivo. O meu trabalho é para ele também!". Que bela forma de levar as pessoas a um encontro com o Salvador!

“Não negocie
seus princípios,
seja honesta e
dedicada, atenda
às pessoas com
amor e bondade.”

Desânimo na jornada

Bruna Vieira

Por que está tão triste, ó minha alma? Por que se perturba dentro de mim? Ponha a sua esperança em Deus, pois eu ainda o louvarei. Ele é o meu Salvador e o meu Deus!

(Salmos 42.11)

O desânimo é bastante comum em nossa vida, mas não deveria ser. Ele vem da dúvida que nós criamos em nossa mente, também da nossa falta de confiança e fé no Senhor. Tudo o de que precisamos para nos manter firmes e não desanimar está na Palavra de Deus. Há histórias de perseverança, profecias que se cumpriram e inúmeros milagres realizados por Jesus. Mesmo assim, duvidamos que a história terminará bem para nós.

Muitas vezes, esquecemo-nos até mesmo do que Deus já fez em nossa própria vida. Contudo, em vez de dar lugar às inseguranças e à dúvida de que o Senhor nos ajudará, precisamos nos manter firmes na confiança de que ele é fiel para cumprir suas promessas. Lembro que vivia como se estivesse em uma montanha-russa de emoções, um dia estava com a fé lá em cima, confiante em tudo que Deus realizaria, mas no outro eu achava que ele nem sequer me enxergava, que minhas orações eram em vão e suas palavras não se cumpririam.

Eu vivia sendo totalmente guiada pelas minhas emoções, permitia que elas me dominassem. O Senhor, porém, com sua bondade, me olhava e dizia: "Eu continuo aqui, a minha palavra não muda". É exatamente isso que precisamos entender. Deus não muda, ele é fiel à sua Palavra, apesar de nós deixarmos de crer nesta verdade vez após vez. Precisamos estar firmes nele, a nossa esperança deve estar no Senhor, em mais nada. Não importa se todo mundo já recebeu uma bênção e você ainda não, não importa se está desempregada ou se alguém a feriu. Mantenha os olhos nele, não olhe para os lados, e sim para frente e ao alto. Enquanto você mantém o foco em Jesus, ele cuida do seu destino.

Em momentos conturbados da minha vida, quando o desânimo bate, recorro à Palavra. Eu me atenho ao que o Senhor diz nas Escrituras. Caso se sinta desanimada, recomendo que faça o mesmo: leia quantos versículos forem necessários para entender o que ele deseja lhe falar. Escreva todas essas passagens em *post-its*, espalhe-as pelo seu quarto: na cabeceira da cama, espelho, guarda-roupa. Toda vez que vir essas palavras, declare-as em voz alta, busque a revelação delas, até que sua mente se encontre em paz.

Outra coisa que faço ao enfrentar momentos difíceis é lembrar: "Isso também vai passar". Começo a pensar nas várias ocasiões em que estive aflita, mas passei e superei aquelas dificuldades. Eu pensava que não conseguiria, que a dor duraria para sempre, mas com a graça de Deus eu pude suportá-la. Então, olhe-se no espelho hoje e repita: "isso também vai passar". Não aceite permanecer desanimada, pois o Senhor é o seu socorro. Ele é quem a sustenta, escolha confiar nele. Mesmo que olhe para os lados e não veja solução alguma, deposite sua esperança em Deus. Sua realidade presente muitas vezes não combina com aquilo que ele lhe prometeu, você pode até achar impossível que um milagre aconteça diante da sua situação. Mas a verdade é que não precisamos ver a concretização das promessas agora, e sim crer que nosso Pai as cumprirá na hora certa.

Ficamos abatidas quando damos ouvidos ao inimigo da nossa alma. Ele traz confusão, mentiras e distorções, então começamos a duvidar das palavras de Deus. Porém, você pode dar comandos à sua mente e à sua alma todos os dias, declarando e reafirmando as promessas do Senhor. Faça isso até que sua mente seja renovada. Uma das passagens que eu mais gosto de declarar é: "Não se amoldem ao padrão deste mundo, mas transformem-se pela renovação da sua mente, para que vocês experimentem a boa, agradável e perfeita vontade de Deus" (Romanos 12.2).

Que nossa mente esteja alinhada aos propósitos divinos todos os dias, para vivermos sempre debaixo da Palavra de Deus. Tenho certeza de que a vontade dele para nossa vida é infinitamente melhor do que tudo quanto podemos sonhar ou imaginar. Mantenha o coração convicto da fidelidade de Deus. Ele é o nosso refúgio, socorro presente na angústia e o nosso consolo.

"Não aceite permanecer desanimada, pois o Senhor é o seu socorro."

Para homens ou para Deus?

Jay Santana

Tudo o que fizerem, façam de todo o coração, como para o Senhor, não para os homens, sabendo que receberão do Senhor a recompensa da herança, pois é a Cristo, o Senhor, a quem vocês servem.

(Colossenses 3.23-24)

Uma das maiores mentiras que contamos para nós mesmas é que só nos importamos com o que Deus pensa a nosso respeito enquanto, na prática, seguimos dando ouvidos ao Inimigo. Eu já cheguei a cair nesse engano diversas vezes. Principalmente quando não queria enfrentar as feridas que se abriam no meu ego por me sentir insuficiente naquilo que eu fazia.

Ao longo da minha vida inteira eu estive debaixo de pressões e comparações. Para quem não sabe, eu sou filha de uma pastora e cantora muito conhecida no meio cristão, e por mais que hoje eu compreenda a dádiva que é ter nascido nessa família, fazer parte dela já me trouxe algumas dores. Isso não aconteceu por conta dos meus familiares, mas sim pelas expectativas que as pessoas de fora sempre colocaram em mim; o grande problema, na verdade, é que eu as escutava em vez de focar no que Deus dizia a meu respeito.

Esperavam que eu cantasse exatamente como minha mãe canta; também que eu falasse e ministrasse igual ao meu pai. Então, quando eu me dispunha a cantar ou pregar conforme minhas habilidades e características próprias, e em honra ao chamado do Senhor, era duramente criticada. Se eu adorava, diziam que era apenas por conta do privilégio de ser filha da minha mãe. Afirmavam que eu carecia de talento e ainda mais de unção para ministrar. Até quando eu larguei tudo e tirei um tempo para me dedicar ao meu chamado missionário, uma paixão que arde em meu peito, diziam que fiz isso só porque tinha dinheiro suficiente e não queria compromisso com nada.

Depois de bastante tempo ouvindo uma série de maldades sobre mim, passei a fechar minha boca cada vez mais. Já não me sentia bem em servir a Cristo com meu louvor, e toda vez que meu coração queimava pela obra missionária, eu o calava dizendo que era apenas meu ego querendo mostrar serviço. Aos poucos, sufocava os planos do Pai em minha vida, pois abafava a sua voz para escutar o Inimigo.

A verdade é que, às vezes, cometemos o grande erro de duvidar de Deus, mais do que o próprio Diabo. Afinal, ele vê o que o Senhor fala e já começa a agir para nos impedir de ir adiante. Admito que demorei para compreender isso e tentei incansavelmente fugir do meu chamado. Porém Jesus jamais me desamparou e me encontrava de maneiras estrondosas. Chegava a me irar, questionava o Senhor, e ele, com misericórdia, me redirecionava aos seus planos: "Seu lugar é no altar, e é apenas lá que vou começar a abençoá-la".

Em uma das inúmeras "brigas" com Deus que tive durante esse processo, disse em meio às lágrimas: "Senhor, mas como meu lugar é lá se ninguém gosta de nada que eu faço?". Não demorei para ter resposta, pois logo a seguinte passagem me veio à mente: "Acaso busco eu agora a aprovação dos homens ou a de Deus? Ou procuro agradar a homens? Se eu ainda procurasse agradar a homens, não seria servo de Cristo" (Gálatas 1.10). Assim que me deparei com essas palavras, entendi como meu coração foi machucado: porque estava no lugar errado.

Muitas vezes, enganamo-nos com uma falsa humildade. Nós nos rebaixamos a nada, nos isolamos e nos impedimos de viver o que Cristo deseja pelo simples fato de acreditarmos no que os outros dizem e pensam. Humildade não é se depreciar ou desacreditar de si mesma, a verdadeira humildade é se colocar à disposição para viver tudo o que Jesus lhe chamou para ser e fazer, independentemente da dor, do preço a ser pago e da sua própria vontade.

Quando comecei a entender quem sou segundo a mente de Deus, as escamas em meus olhos geradas por essa falsa humildade caíram. Também percebi que negligenciar meu chamado afetaria outras vidas, pois por mais que Deus não necessite de nós para cumprir suas promessas, ele conta conosco. Ao deixarmos de agir conforme seus propósitos, somos como pedra de tropeço para os demais, em vez de ajudá-los, geramos contratempos em suas jornadas.

Ouvir a voz de Deus pode ser doloroso, porque significa negar nossas vontades, expectativas e desejos. Porém, viver o que ele reservou para nós é mais gratificante do que qualquer realização ou elogio terreno. Hoje, continuo recebendo as críticas. Elas só crescem, e eu sinto na pele como não é fácil "mutar"[1] a voz barulhenta daqueles que nada sabem sobre nós, especialmente em uma sociedade na qual a cultura do cancelamento está tão em alta. Mas isso não me paralisa mais. Aprendi que devemos sempre realinhar o coração diante do Pai e nos atentarmos puramente às verdades daquele que tem planos prósperos e abundantes para o nosso futuro. Tenha em mente que você é criatura dele e tudo que tiver de fazer deve ser entregue primeiramente ao Senhor.

1 Fazer calar, derivado do verbo *to mute*.

"Por mais que Deus não necessite de nós para cumprir suas promessas, ele conta conosco."

Desafio

Semana 6 Para o Senhor

Isa Dimas

Assim, quer vocês comam, quer bebam, quer façam qualquer outra coisa, façam tudo para a glória de Deus.
(1Coríntios 10.31)

Quero convidar você agora a pensar naquilo que mais toma o seu tempo no dia a dia. Tem sido algo "banal", como redes sociais, séries ou hobbies? Se devemos fazer tudo para a glória de Deus, não podemos perder muito tempo com algo que, por mais que não seja errado, não glorifica ao Senhor. A propósito, o mau uso do nosso tempo pode atrapalhar ou atrasar processos que poderíamos estar vivendo plenamente com ele.

A Palavra diz: "Façam tudo para a glória de Deus". E **tudo é tudo**. Imagino que, assim como eu, em algum momento da sua vida você já errou e não conseguiu viver esse versículo ao pé da letra. Por isso, hoje quero convidá-la a fazer um propósito comigo de sete dias: troque aquilo que tem distraído você por um tempo de intimidade profunda com Deus, lendo a Palavra e buscando ao Senhor em secreto.

Por exemplo, em vez de passar mais de uma hora assistindo a uma série todos os dias, pegue sua Bíblia e leia, ore ao Senhor, busque conhecê-lo mais, mergulhe em sua presença. Aprofunde as raízes do seu relacionamento com Deus dia após dia. Que você não viva apenas alguns bons momentos com ele, e sim uma vida inteira totalmente inundada e transformada pelo grande amor do Pai. Dedique o seu tempo a ele, assim a sua intimidade com o Senhor irá crescer. Busque a sua face, peça para ele falar ao seu coração o que precisa ser mudado, para que você tenha uma vida alinhada aos propósitos divinos em todas as áreas.

Eu já cumpri esse desafio várias vezes. Passei alguns dias sem redes sociais, outros sem ver séries, e posso afirmar para vocês que foi o tempo em que mais mergulhei na Palavra de Deus e cresci espiritualmente, porque nesse período não havia nada para desviar a minha atenção. Meus olhos estavam fixos nele. Eu substituí minhas maiores distrações por **minha mais intensa busca pela face do Senhor**. Esse foi um divisor de águas na minha vida. Sei que a sua também nunca mais será a mesma quando fixar seus olhos em Cristo, sem dar espaço para distrações.

Grandes coisas vão acontecer nesta semana,

prepare-se!

SEMANA 7

✚

Permanecer

Seja fiel

Thais Linares

Aquele que diz: "Eu o conheço", mas não obedece aos seus mandamentos, é mentiroso, e a verdade não está nele.
(1João 2.4)

Quantas vezes você já afirmou conhecer e amar o Senhor de todo o seu coração, mas demonstrou o contrário com suas atitudes? Na jornada cristã, é comum declararmos nossa fé em Deus e crermos que ele realiza grandes obras. Entretanto, apenas afirmar essas coisas não é o suficiente, afinal, a Palavra nos ensina que a fé sem obras é morta (cf. Tiago 2.17). Tendo isso em vista, necessitamos compreender que uma fé genuína não se dissocia de um fator extremamente importante: **a fidelidade**.

Na realidade, as palavras "fé" e "fidelidade" se originam do mesmo termo grego, *πίστις*.[1] Isso nos revela que para crermos verdadeiramente no Senhor não basta acreditar em sua existência, precisamos também ser fiéis a ele. A propósito, é justamente o que notamos ao nos aprofundar nas Escrituras, pois nos deparamos com grandes homens que foram fiéis ao Senhor.

Abraão exerceu sua fidelidade atendendo ao chamado de Deus quando ele o orientou a sair de sua parentela para seguir rumo à terra prometida. Como resultado de sua obediência, o Senhor prometeu que

1 GINGRICH, F. W.; FREDERICK, W. D. **Léxico do Novo Testamento**: Grego / Português. São Paulo: Editora Vida Nova, 1984.
PEREIRA, S. J. ISIDRO. **Dicionário Grego-Português e Português-Grego**. Braga: Livraria A. I., 1998.

o faria pai de um grande povo e o abençoaria (cf. Gênesis 12.1-2). Moisés se mostrou fiel ao atender ao pedido do Senhor de guiar o povo de Israel pelo deserto. Um dos frutos de sua fidelidade foi presenciar atos extraordinários, como a abertura do mar Vermelho (cf. Êxodo 14.15-28). Sadraque, Mesaque e Abede-Nego demonstraram fidelidade a Deus ao não se prostrarem diante da estátua erguida por Nabucodonosor. Por conta disso, foram lançados em uma fornalha ardente, porém vivenciaram o milagre de não serem queimados vivos (cf. Daniel 3.1-30).

Além desses homens, o maior exemplo de fidelidade se encontra na pessoa de Jesus, que escolheu obedecer mesmo em meio à dor. Como resultado de sua entrega, toda a humanidade foi liberta do pecado e reconectada ao Pai. Portanto, observando todas essas histórias, podemos perceber claramente que se afirmamos crer em Deus, precisamos agir como seus servos fiéis. É a nossa fidelidade que nos leva a expressar uma fé genuína no Senhor.

A vida de Jesus e das pessoas citadas nesse texto nos mostram que ser fiel é ser obediente à Palavra de Deus. Sabemos que viver desse modo não é nada fácil. Até mesmo o nosso Senhor, Jesus Cristo, enfrentou dificuldades e foi tentado de diferentes maneiras. No momento em que se encontrava pregado no madeiro, o povo em sua volta gritava: "[...] Salve a você mesmo, se é o Filho de Deus, e desça da cruz!" (Mateus 27.40). Porém, como servo fiel, o Mestre deixou sua glória para carregar o meu e o seu pecado.

Olhando para ele, torna-se nítido o valor de vivermos verdadeiramente em obediência ao Pai. Mesmo sem entender ao certo o motivo pelo qual ele nos direciona a tomar certas decisões, afinal, às vezes o que ele diz pode soar até incoerente para a nossa mente limitada. Contudo, se estamos entregues ao Senhor, crucificadas com Cristo (cf. Gálatas 2.20), o controle de nossa história está nas mãos dele. Lembre-se de que **antes de o Senhor lhe confiar algo precioso, é necessário que você confie a ele o seu bem mais valioso: sua vida**. E por meio da sua fidelidade e obediência sua fé nele será desenvolvida.

Vale a pena ser fiel. É triste constatar que podemos ter atitudes infiéis todos os dias, mas, em contrapartida, a fidelidade do Pai permanece a mesma, e seu amor dura para sempre (cf. 2Timóteo 2.13). Viva dia após dia em busca de ser uma serva fiel, para que, com a sua obediência, você possa experimentar bênçãos extraordinárias de Deus em sua vida.

“Antes de o Senhor lhe confiar algo precioso, é necessário que você confie a ele o seu bem mais valioso: sua vida.”

O que a Bíblia nos ensina sobre perseverança?

Ludmila Dias

Portanto, meus amados irmãos, mantenham-se firmes e inabaláveis. Sejam sempre dedicados à obra do Senhor, pois vocês sabem que, no Senhor, o trabalho de vocês não é inútil.

(1Coríntios 15.58)

Se tem algo que já me impediu de viver o extraordinário com Deus, sem dúvida alguma, foi a inconstância. Já perdi as contas de quantas vezes eu fiz promessas vagas ao Senhor, dizendo que nunca mais eu permitiria que as distrações do mundo ou as dificuldades da vida me tirassem da sua presença. E quebrei todas essas promessas. Preciso admitir que eu costumava me abalar pelo que acontecia em minha vida, e esta era uma ótima desculpa para fugir de diante do Senhor em vez de firmar um compromisso com ele.

Observo também que, de modo geral, temos vivido tempos em que as pessoas desistem facilmente do que se propõem a fazer. Começam uma dieta e não seguem até o fim. Muitos se divorciam porque não estão dispostos a lutar pelo casamento. Desistem dos seus sonhos, pensando serem grandes demais para se tornarem realidade. Abrem mão de pregar o Evangelho porque acham que o mundo está perdido. E assim por diante. Algo parecido acontece em nosso relacionamento com Deus. Na primeira dificuldade que aparece, nós nos distanciamos dele. Preferimos sofrer sozinhas, deixando o Senhor de lado, em vez de nos dedicarmos incansavelmente a permanecer perto dele.

Todos que passam por isso devem atentar para a história de Moisés, um homem que pode nos ensinar bastante sobre a perseverança e busca pela face de Deus. A Palavra nos diz que ele foi chamado para libertar o povo israelita do cativeiro no Egito, um processo complexo e extremamente desafiador. As pessoas questionavam, reclamavam, rebelavam-se, mas Moisés não desistia de sua missão. Muito pelo contrário, intercedeu em favor do povo de Deus (cf. Êxodo 32.31-32) e pediu pela chance de contemplar a sua glória (cf. Êxodo 33.18-23). Acredito que poucas pessoas seriam inabaláveis como ele ao enfrentarem situações tão extremas, e é por isso que o tenho como um grande exemplo de perseverança.

Imagino que ele estava bastante convicto a respeito do motivo pelo qual deveria seguir em frente, pois tinha em vista a libertação dos hebreus e a conquista da terra prometida. Com isso, entendo que talvez a inconstância ganhe lugar em nossa vida porque não sabemos ao certo as razões para permanecer naquilo que nos propomos a fazer. O que levou Moisés a continuar conduzindo aquela multidão pelo deserto era conhecer o Deus que o chamou. O mesmo pode ser observado em outras histórias, como a de Abraão ou Noé, que se mantiveram obedientes porque sabiam quem era o Senhor que falara com eles. Jó adorava em meio às dores porque temia a Deus e, após ser provado, pôde afirmar: "Eu te conhecia de ouvir falar, mas agora os meus olhos te veem" (Jó 42.5).

Quanto mais buscamos o conhecimento dele, mais desejaremos sua presença e seremos constantes em nosso relacionamento com o Pai. Ser constante não significa que cada momento de oração fluirá da mesma maneira, ou que estaremos empolgadas todos os dias, mas sim que faremos sempre o nosso melhor. E essa é uma decisão consciente. Se você esperar até sentir algo diferente para buscar a Deus, então sua vida será uma eterna inconstância. A escolha de permanecer é sua, independentemente de como se sinta ou da estação que estiver vivendo. Escolha insistentemente viver diante do Senhor.

Não se permita ser esmagada pelo sentimento de culpa ou pelo pensamento de que nunca será capaz de se manter firme na presença de Deus. Essa é uma mentira, um engano que pode nos levar ao fracasso. Por isso é importante estarmos em alerta; lembre-se todos os dias de se apoiar em Deus, e ele a ajudará até mesmo a superar a tentação de desistir. Somos pecadoras, mas não nos apoiaremos nessa desculpa para ceder à inconstância. Podemos justamente considerar o fato de sermos fracas como uma motivação para buscar ao Senhor todos os dias, compreendendo que dependemos e necessitamos dele em nossa vida.

“Não se permita ser esmagada pelo sentimento de culpa.”

Desenvolvendo a minha fé

Isa Dimas

— Se podes? — disse Jesus. — Tudo é possível àquele que crê.

(Marcos 9.23)

Uma das primeiras coisas que aprendemos ao começar a caminhada com Cristo é a importância da fé em nossa vida. Porém, o verdadeiro significado dessa pequena palavra muitas vezes leva tempo para criar raízes em nosso coração e se expressar em nosso dia a dia. A fé gera uma atitude contrária à dúvida e está profundamente ligada à confiança, ou seja, é a certeza daquilo que esperamos e a prova das coisas que não vemos (cf. Hebreus 11.1).

Muitas vezes, ao lermos a passagem de Marcos 9.23, temos algumas dúvidas em relação ao que "tudo" se refere. A resposta é bem simples e a encontramos em 1Coríntios 6.12, que diz claramente que tudo nos é permitido, mas nem tudo nos convém. Um dia, lendo esse versículo, comecei a meditar a respeito dessa mensagem. Já orei crendo de todo o meu coração em algumas coisas que acabaram não se concretizando. Depois de um tempo, compreendi que boa parte dos meus pedidos estavam em desacordo com a vontade de Deus.

Percebi também que algo pode ter o mais alto nível de importância para nós em determinado momento e não ser o tudo que Deus tem para nós. Por isso algumas de nossas orações não são respondidas, ou não vemos nada acontecer. Em Provérbios 14.12, está escrito que há caminhos que parecem certos ao homem, mas que no final podem conduzi-lo à morte. O Senhor é quem sabe de todas as coisas e tem o melhor para nós, na hora certa e da maneira que lhe agrada.

Fé não nos leva a viver o que queremos. Ela nos leva a viver tudo o que Deus tem preparado para a nossa vida. Assim como os discípulos pediram ao Senhor que aumentasse a fé deles, podemos clamar por isso também. A resposta de Jesus a eles, e creio que a nós, é: "[...] Se tiverem fé do tamanho de um grão de mostarda, poderão dizer a esta amoreira: 'Arranque-se e plante-se no mar', e ela obedecerá" (Lucas 17.6). Os discípulos pedem por mais fé, mas o Mestre lhes ensina um grande princípio. Nós não precisamos de quantidade, e sim de qualidade, maturidade, constância e solidez. Essa é a fé que precisamos buscar na nossa caminhada com Cristo todos os dias.

Algo que aprendi sendo cristã durante toda a minha vida é que Jesus deseja nos ensinar a usar a nossa fé como uma sementinha que, sendo plantada e cuidada diariamente, irá se desenvolver e se tornar uma grande árvore frutífera. Uma fé que nos leva a florescer e frutificar de fato precisa de desenvolvimento, o que é possível quando nos posicionamos na presença do nosso Pai constantemente.

Comece a exercitar sua fé em pequenas coisas do seu dia a dia. Você pode orar, por exemplo, pedindo a Deus por uma vaga em um estacionamento cheio ou por algo específico que você quer muito comer ou comprar e não consegue naquele momento. Coisas simples como essas podem nos preparar para a chegada de um "gigante". Você não ficará assustada, porque certamente estará vivendo pequenos milagres diários e entenderá que uma adversidade nunca será maior do que o poder daquele que a escuta. É mais fácil confiar em Deus quando temos uma série de experiências com ele.

Como mulheres que amam a Deus, precisamos crer que o impossível é totalmente possível para ele. Quando parece não haver saída, é o Senhor quem saberá perfeitamente qual a solução. Ter fé é confiar nele de todo o nosso coração, sem nos apoiarmos em nosso próprio entendimento (cf. Provérbios 3.5), mas sempre buscando nele a melhor maneira de agir em cada situação ou área da vida.

Escolha viver o "**tudo é possível**" hoje. Busque e peça em oração que Deus revele a você os planos que ele tem preparado para seu presente e futuro. Comece a agir como uma filha que sabe o poder que as palavras de sua boca têm quando estão em harmonia com os planos do Pai. Creia, seja ousada e constante, busque desenvolver esta pequena semente chamada fé todos os dias.

Coloque fé no lugar de todo medo e de toda dúvida. Desfrute daquilo que parecia ser impossível. Persevere com amor e paciência ao longo desse processo e veja essa semente se transformar em uma árvore forte e frutífera.

"Comece a exercitar sua fé em pequenas coisas do seu dia a dia."

Lidando com as frustrações

Jay Santana

Não só isso, mas também nos gloriamos nas tribulações, porque sabemos que a tribulação produz perseverança; a perseverança, um caráter aprovado; o caráter aprovado, esperança.

(Romanos 5.3-4)

Sofrer uma frustração é um dos maiores exemplos de "males que vêm para o bem". Podemos tomar esse tipo de situação como uma bênção disfarçada, um agente secreto enviado para nos testar e então nos colocar em um nível mais avançado. Através da Palavra, aprendemos que Deus, em sua infinita sabedoria e amor, muitas vezes frustra nossos planos para nos conduzir a um caminho melhor. Ao mesmo tempo, ele nos molda e fortalece nosso caráter. Por mais desafiador e doloroso que seja lidar com isso, será fundamental para nossa jornada.

Em Romanos 8.28, Paulo já nos alerta sobre esse assunto. Ele propõe que tudo, incluindo as coisas ruins, podem trazer resultados excelentes para os que amam a Deus e são chamados segundo seu propósito. O Senhor sabe que iremos errar e seremos frustradas em algum momento. Por isso, por meio de Paulo ele nos diz que se nosso coração, mesmo sendo falho, estiver firme nele, com amor e misericórdia nosso

Pai transformará qualquer situação que parece perdida em um lindo testemunho de vida.

O grande desafio é nos submetermos a um Deus que pode vir a frustrar nossos próprios sonhos. Com o coração mimado e o ego inflado, afirmamos crer que ele sabe de todas as coisas. Contudo, na hora de realmente ouvir um "não", ou até mesmo quando algo pequeno não ocorre conforme nossos planos, fazemos um escândalo igual ao de crianças birrentas. No fundo, queremos manter o controle sobre nossa vida em vez de nos entregarmos ao Senhor de verdade. É lindo convidar Jesus para seguir a jornada conosco dentro do carro, colocarmos um mapa em suas mãos e pedirmos que nos conduza, como melhores amigos fazendo uma viagem. Mas o que deve acontecer na verdade é nos sentarmos no banco do passageiro, enquanto ele assume a direção.

Uma das histórias mais inspiradoras da Bíblia, que mostra uma mulher de Deus que de fato lhe entregou o controle de sua vida, é a de Ester.[2] Originalmente chamada Hadassa, ela era judia e foi criada por seu primo Mardoqueu desde que perdera os pais. Após um processo de preparo, ela se tornou a rainha escolhida pelo rei Assuero, substituindo a rainha Vasti, que havia sido deposta. Ester enfrentou uma grande provação quando Hamã, um alto oficial do rei, planejou exterminar todos os judeus do império persa. Ao saber desse plano, Mardoqueu pediu à sua prima que intercedesse junto ao rei em favor do seu povo. No entanto, apresentar-se a ele sem ser chamada poderia resultar em morte.

Foi então que Ester enfrentou um enorme dilema: conservar a própria vida, sendo omissa quanto à dificuldade de seus irmãos, ou se submeter ao risco de ser drasticamente frustrada. Mesmo com medo e aflita diante do que poderia acontecer, Hadassa decidiu colocar-se em risco e se aproximar do rei Xerxes sem convite. Ele, porém, a favoreceu e lhe permitiu falar. Assim, ela lhe revelou o plano de Hamã e a identidade dela como judia. O rei, indignado, ordenou a execução de seu oficial e emitiu um decreto permitindo que os judeus se defendessem. Desse modo, o Senhor fez com que Ester livrasse seu povo da destruição.

Essa história exemplifica como as provações podem nos levar a realizar propósitos maiores do que a nossa vida, por isso não devemos temer a frustração. Ester não negou sua ascendência, em vez disso, teve coragem e disposição para interceder por seu povo, mostrando uma confiança inabalável no Senhor. Quando confiamos nele, somos colocadas

2 Confira a história completa no livro de Ester.

em ambientes específicos por um propósito, e no fim das contas tudo coopera para o nosso bem. Quem sabe, não fora exatamente para um tempo como aquele que o Senhor a havia elevado à posição de rainha? (cf. Ester 4.14).

Ser frustrada por Deus é ser moldada para viver um amadurecimento espiritual. Observando a passagem de Romanos 5.3-4, conseguimos notar exatamente a situação que Ester vivenciou. Sua frustração inicial e o perigo que enfrentou foram catalisadores para seu crescimento e para a realização de um grande propósito divino. Sua história nos encoraja a confiar em Deus, mesmo quando parece que tudo está perdido e nossa vida está em jogo. Ao nos entregarmos para o Senhor, somos abençoadas e nos tornamos uma bênção aos que estão à nossa volta também. Permita-se ser frustrada por Deus para então alcançar os novos níveis que ele tem para você.

"Ao nos entregarmos para o Senhor, somos abençoadas e nos tornamos uma bênção aos que estão à nossa volta também."

Crise existencial

Bruna Vieira

Abraão prostrou-se com o rosto em terra e riu ao pensar consigo: "Poderá um homem de cem anos de idade gerar um filho? Poderá Sara dar à luz aos noventa anos?".

(Gênesis 17.17)

Cresci pensando que aos 25 anos de idade toda mulher precisava estar casada e ser mãe. Confesso que eu sempre quis que fosse assim comigo e achei que realmente seria, mas as coisas não aconteceram dessa forma. Tenho 32 anos hoje, não me casei nem tive filho ainda. E ao longo dos últimos anos lidei com alguns questionamentos. Aos 30, parece que uma chave virou dentro de mim e enfrentei a minha maior crise existencial. Meu metabolismo mudou, meus sonhos foram mais bem estabelecidos, passei a me sentir mais adulta, também a olhar no espelho e ver algumas marcas do tempo. Eu me sentia a pessoa mais velha do mundo. O que não nos contam é que quase toda mulher passa por isso, independentemente do estado conjugal e das conquistas que já teve ou deixou de ter.

Eu me converti com 30 anos e logo comecei a frequentar a igreja. Lá eu via inúmeras mulheres de 20 e poucos anos casadas e com filhos, algo que antes não fazia parte da minha realidade. Até porque fora da igreja isso costuma ser visto como um fracasso, ouvia sempre que deveria "aproveitar mais a vida" e que "quem se casa cedo vai separar cedo". Lembro que eu me comparava àquelas mulheres da igreja. Elas eram mais novas que eu, tinham lindas famílias e eram belíssimas também. No início, foi bem difícil lidar com isso, mas depois passei a entender o que o Senhor queria me mostrar. Ele restaurou em mim o sonho de ter uma família, minha vida não seria entregue às minhas vaidades e eu deveria servi-lo com um lar que o adora. Aos poucos, entendi que ele tem um destino específico para cada uma de nós, uma linda história que revela a sua glória.

O Senhor sabe a hora certa para realizar seus propósitos, ele já tem tudo planejado. Quando Deus entrou na minha vida, desconstruiu alguns padrões que eu estabeleci para mim, especialmente sobre o tempo em que as coisas deveriam acontecer. Por exemplo, como pensei que com a minha idade de hoje eu já seria mãe, tive a preocupação de descobrir até quando isso seria possível naturalmente. Então, no começo de 2024, comecei a me informar sobre congelamento de óvulos.

Lembro que liguei para o meu pai, chorando, dizendo que estava velha e precisava congelar meus óvulos com urgência. Ele apenas me ouviu e pediu para conversarmos pessoalmente. Essa conversa nunca aconteceu, pois naquela mesma semana o Espírito Santo me levou a meditar na passagem em que ele promete um filho a Abraão e Sara (cf. Gênesis 17.16). A reação de Abraão foi perguntar: "[...] Poderá um homem de cem anos de idade gerar um filho? Poderá Sara dar à luz aos noventa anos?" (Gênesis 17.17).

Nós temos a terrível mania de nos limitarmos à nossa idade, mas na verdade ela não define quem somos nem o milagre que Deus pode realizar na nossa vida. Além disso, vemos na história de Sara e Abraão que, por não verem nada acontecer na hora que gostariam, decidiram agir pelas próprias forças. Sara entregou sua serva para se deitar com Abraão, e foi assim que nasceu Ismael, mas ele nunca foi o filho da promessa. Percebi então que eu queria fazer a mesma coisa, tentando "ajudar a Deus", porque não conseguia confiar que ele cumpriria suas palavras no tempo perfeito. Abraão e Sara esperaram por mais 14 anos para ter Isaque, o verdadeiro filho prometido. No fundo, não sabemos qual será o tempo de Deus, e quando não descansamos nele, as coisas parecem demorar infinitamente.

Naquele dia, mais uma vez o Senhor me mostrou que o tempo dele é perfeito e que tudo aquilo que ele prometeu se cumprirá. Porém, precisamos entender que o tempo em que cada propósito se realizará na vida de cada uma é único, portanto pare de comparar sua família, seus negócios ou sua estética com a dos outros. Foque apenas no que Deus tem para você. Ele reserva grandes coisas àqueles que vivem em obediência e esperam para desfrutar de cada fase na hora determinada.

Tenho amigas que se casaram com 40 anos, outras com 30 e poucos. Todas passaram pelos seus processos e viveram as promessas do Senhor para elas. Caso você tenha desistido de crer em alguma promessa, pensando ter "passado da idade", quero encorajá-la a sonhar outra vez, seja qual for o sonho, talvez algo na área familiar, acadêmica ou profissional. Para Deus, a sua idade certamente não define quem você é e muito menos o que ele pode fazer.

Se você tem o sonho de completar uma graduação, por exemplo, volte a estudar. Faça o seu melhor, invista em tudo aquilo que está alinhado aos princípios do Senhor, apenas vá em frente. Talvez o Espírito Santo a esteja impulsionando para fazer algo e você não o tem obedecido, limitando-se a certos padrões. Não se esqueça: Sara deu à luz um filho com 90 anos de idade. Guarde isso e não limite o Senhor, nem deixe de acreditar no tempo dele. Ele sabe o tempo certo para cada propósito debaixo do céu.

"Faça o seu melhor."

As dificuldades na caminhada

Jey Reis

— Eu disse isso para que em mim vocês tenham paz. Neste mundo, vocês terão aflições; contudo, tenham coragem! Eu venci o mundo.

(João 16.33)

Às vezes, eu me pergunto por que temos de passar por tantas aflições. Já me peguei até questionando a Deus sobre o motivo de termos dificuldades na caminhada cristã. Tinha a impressão de que elas eram mais difíceis e constantes do que os desafios que outras pessoas, que escolheram caminhos diferentes, enfrentam. Eu dizia: "Deus, eu sou sua filha, por que tenho de passar por essas coisas? Tudo já foi consumado na Cruz, mas por que não pular para o momento em que temos a vitória?". Ou até mesmo: "Deus, a Palavra diz que o fardo é leve, mas sinceramente tem sido cada dia mais pesado. O fardo continua aqui!".

Então, com sua infinita misericórdia, o Senhor me ensinou algo que mudou minha forma de pensar. Ao ler a Bíblia, entendemos que a vida é cheia de momentos bons e ruins, provações e vitórias, desertos e terras prometidas. Até o próprio Jesus lidou com angústias, como quando suou sangue e pediu ao Pai: "[...] Se queres, afasta de mim este cálice [...]" (Lucas 22.42). Assim, entendemos que enfrentar a dor não é fácil, mas necessário. Faz parte do processo. Paulo afirma que "[...] a tribulação produz perseverança; a perseverança, um caráter aprovado; o caráter aprovado, esperança" (Romanos 5.3-4).

As aflições produzem o caráter aprovado de que precisamos em nosso processo de santificação. E mais, gera esperança dentro de nós. Nessa hora, o "tende bom ânimo" (cf. João 16.33) que Cristo nos diz passa a fazer sentido, mesmo em meio à aflição. Não é simples, mas é possível ao lado daquele que já venceu tudo por nós. As dificuldades são passageiras, porém nossa alegria no Senhor é para a Eternidade. Afinal, iremos morar com Jesus para sempre em um lugar onde não haverá mais aflição, dificuldade, nem mesmo a dor de dedos mindinhos dos pés sendo batidos em quinas de móveis. Não haverá mais tristeza, apenas júbilo.

Quando Cristo diz que seu jugo é suave e seu fardo é leve, não promete que os fardos sumiriam. Ele garante que encontraremos descanso nele. Não há mais peso que não possa ser suportado, pois o nosso Salvador pagou o preço pelos nossos pecados na cruz. É um privilégio passar por aflições hoje e podermos dividir o peso do fardo com Jesus, pois muito em breve estaremos ao seu lado na Eternidade.

"Cristo diz que seu jugo é suave e seu fardo é leve."

Minha querida,

não tem sido fácil, eu sei. Eu experimentei essas dores e fui à Terra para aliviar o peso dos seus fardos. Eu já estou voltando, e em pouco tempo toda dor se transformará em alegria plena. Mas, enquanto as aflições continuam, reforço a minha promessa: eu estarei com você, carregando cada um dos fardos ao seu lado, dividindo o peso, pois estamos juntos. Eu amo você!

Com amor,

Aquele que sempre está ao seu lado, seu Redentor.

A importância da dor no processo

Vitoria Dozzo

Este é o meu consolo no meu sofrimento: a tua promessa me dá vida.

(Salmos 119.50)

Pessoas vão embora. Negócios dão errado. Adoecemos e aqueles a quem amamos também. Relacionamentos que pensávamos jamais acabar terminam sem grandes explicações. Sentimos medo, somos afetadas por tragédias, surpreendidas pela morte de pessoas queridas. Vemos portas fechadas onde pedíamos por oportunidades, nos machucamos e, muitas vezes, nos encontramos sem esperanças.

No meio disso tudo, questionamos a Deus. Nós nos perguntamos onde ele está e como pôde ter permitido que passássemos por tantas dores. A dor nos confunde, enfraquece e, se não vigiamos, nos afasta do único que pode nos consolar. Porém, que alívio é descobrir em meio ao sofrimento que podemos compartilhar toda a nossa aflição com um Deus de perto, que é conosco. Jesus, totalmente homem e totalmente Deus, experimentou as dores humanas e até chorou.

A passagem que narra a situação que trouxe lágrimas à face de Cristo sempre me chama atenção. Em João 11, a partir do versículo 28, é descrito o encontro do Messias com Maria, que chorava a perda de seu irmão Lázaro. Creio que Jesus sabia que ele voltaria à vida em alguns instantes, mas decidiu parar e tomar parte no choro de alguém a quem amava. Isso nos ajuda a compreender que a dor existirá, não deve ser ignorada, e sim sentida. Depois é que virá o tempo de ver o Senhor agir. Nem sempre as situações que enfrentamos terão o rumo que gostaríamos, mas podemos contar com a companhia e o consolo de Deus em todo tempo.

Inúmeros são os processos dolorosos que antecedem momentos de alegria, como, por exemplo, a dor do parto, que talvez seja uma das maiores dores físicas que podem ser sentidas. Porém, ela vem justamente antes da explosão de alegria que ocorre com uma nova vida vindo à luz. As tempestades mais furiosas antecedem as "pinturas" mais bonitas no céu. E viver é isso: ter a certeza de que a chuva virá, mas a calmaria também. Angústias e frustrações fazem parte da vida neste lado da Eternidade. Já temos acesso ao Reino de Deus, porém não em sua totalidade, por isso vivemos situações difíceis e de aflição. Contudo, podemos descansar ao saber que Jesus venceu este mundo e em breve desfrutaremos do seu Reino de forma completa.

A dor ensina, fortalece e produz em nós perseverança. Nosso Salvador, assustadoramente vivo, que se fez homem e andou entre nós, não nos abandona em nossas fraquezas. Ele não está apenas assentado em seu trono de maneira distante e intocável. Pelo contrário, ele se faz sempre disponível aos que o buscam de todo o coração. Ele nos escuta, entra conosco na fornalha, nos defende dos leões, acalma as tempestades e chora conosco em meio ao nosso pranto. Deus vê a nossa dor, não está insensível a ela.

Lembro-me de viver momentos de grandes rupturas. Já senti uma dor tão intensa que era como se estivesse sendo cortada ao meio. Pensava que eu nunca veria o fim daquela tempestade, que não saberia como seguir com a vida depois de tanta dor. Mas hoje olho para trás e percebo como esses momentos me moldaram para ser mais madura e forte. São as dificuldades que separam as meninas das mulheres, que endireitam nossas colunas para aguentarmos com mais firmeza as responsabilidades da vida. Diante disso, vemos como a frase clichê "mar calmo nunca fez bom marinheiro" é profundamente real.

As dificuldades nos ensinam. Nossas feridas cicatrizam e depois nos permitem testemunhar a glória de Deus. Jesus partiu o pão ao meio para alimentar uma multidão, e, às vezes, nosso coração partido também servirá para alimentar e fortalecer a alma de pessoas ao nosso redor. Esse alimento não provém de nós mesmas, mas do Senhor, pois é ele quem opera em nós e transforma o nosso pranto em riso. Deus é digno de ser exaltado em meio à alegria ou à profunda tristeza. Nossa carne almeja uma vida sem dores, porém o espírito cresce e se fortalece a cada nova muralha que enfrentamos e vemos cair.

É sinal de imaturidade fugir do sofrimento, mas ao lidar com ele temos a chance de nos firmarmos cada vez mais na Rocha. Percorrer a vida e combater o bom combate é também abrir mão de satisfazer nossos desejos. É buscar uma vida de sacrifícios e, em meio a isso, nos aprofundarmos no amor de Cristo. A dor do crescimento é real. Assim como crianças ou adolescentes relatam dores físicas em seu corpo ao crescerem, também atestamos a dor enquanto caminhamos pelas fases da vida. Faz parte. É sinal de estarmos vivas, e o sofrimento nunca é em vão. Crescemos em conhecimento, em maturidade, e que tudo isso seja para a glória de Deus.

“São as dificuldades que separam as meninas das mulheres.”

Desafio

Semana 7 Permanecer

Thais Linares

Eu sou a videira, e vocês, os ramos. Se alguém permanecer em mim, e eu permanecer nele, esse dará muito fruto, pois sem mim vocês não podem fazer nada.

(João 15.5)

Durante toda esta semana, pudemos perceber quão importante é permanecer em Cristo, pois é apenas nele que encontramos vida eterna. Entretanto, apenas ter conhecimento sobre esse tema não nos torna enraizadas em Cristo, mas é agindo de acordo com a verdade que nos foi apresentada que nos tornamos ramos ligados à Videira verdadeira.

Diante de todo o ensinamento precioso que foi concedido a você, quero propor um desafio que a levará a um nível de profundidade e permanência maior no Senhor: ofereça um por cento do seu dia a ele durante esta semana inteira. Um por cento do nosso dia equivale a cerca de 15 minutos. Pode parecer pouco, mas quantas de nós, na correria do dia a dia, não entrega nem um por cento para aquele que se entregou 100% por nós em uma cruz? Durante todos estes dias, tire 15 minutos para orar ao Senhor, colocando seus planos, sua vida, suas inseguranças e medos aos pés da Cruz.

Lembre-se:

Cristo chama você hoje para uma vida de relacionamento e permanência nele. Coloque em prática tudo o que foi aprendido durante esta semana, começando pelo seu compromisso de orar todo dia. Por meio dessa atitude, bons frutos serão gerados, e a partir deles gerações conhecerão a árvore em que estamos enraizadas: Cristo.

SEMANA 8

Legado

Não seja egoísta

Ludmila Dias

Recordo-me da sua fé não fingida, que primeiro habitou em Loide, a sua avó, e na sua mãe, Eunice, e estou convencido de que também habita em você.

(2Timóteo 1.5)

Uma mulher sábia faz total diferença em sua família. A maneira como se comporta e tudo o que ensina impacta gerações que a seguem. Paulo fala a respeito da influência que a avó e a mãe de Timóteo, Loide e Eunice, tiveram sobre ele. O esforço, a fé e a dedicação à obra de Deus que elas demonstraram ao longo da vida foram transmitidas a seu discípulo. Esse excelente exemplo nos alerta para o fato de que precisamos levar em conta o legado que deixaremos para as gerações futuras, em vez de pensarmos de forma egoísta, considerando apenas nosso limitado tempo na Terra.

A Bíblia é repleta de histórias de grandes homens e mulheres que proporcionaram boas heranças para aqueles que vieram depois deles, e eu não me refiro a dinheiro. Enoque nos ensina sobre a importância da intimidade; Abraão, sobre obediência; José, sobre integridade; Ester, sobre ousadia e posicionamento e por aí vai. Com isso, cabe refletirmos: o que temos feito para transmitir um bom legado aos nossos filhos, netos, bisnetos e assim por diante? Não podemos viver olhando apenas para o próprio umbigo, precisamos pensar a longo prazo.

Por muito tempo, acreditei que devia fazer as escolhas considerando apenas a minha vida, pensando somente no que é melhor para mim. Admito que não me importava muito com o reflexo que essas decisões teriam na vida de outras pessoas. Eu me importava apenas comigo mesma, com os resultados que obteria. Porém, tudo mudou depois que me casei. Os pensamentos focados no "eu" e "somente eu" simplesmente saíam de cena à medida que Deus me ensinava, com a vida do meu esposo, a viver para além dos meus interesses.

Meu marido me lembra todos os dias de que tudo o que ele faz, todo seu esforço por um futuro melhor, não é apenas por ele. É também por mim e por aqueles que virão para somar em nossa família futuramente. Nossa dedicação à obra de Deus e amor por Jesus certamente terão um impacto significativo na vida das próximas gerações.

Hoje, não penso apenas no que é bom para mim. Mas gostaria de convidá-la a refletir: ao fazer suas escolhas de vida atualmente, em quem você tem pensado? O que tem feito hoje para deixar um legado? Quero lembrá-la de que não se trata apenas de herança material, e sim de fé, constância, obediência, entrega e dedicação à obra de Deus. Tudo aquilo que você faz hoje dará frutos amanhã, mesmo que você não esteja mais aqui.

É como está escrito em Hebreus 11.13: "Todos esses morreram na fé sem terem recebido as promessas; viram-nas de longe e de longe as saudaram, reconhecendo que eram estrangeiros e peregrinos na terra". Aliás, recomendo que leia esse capítulo inteiro, pois certamente sua fé e esperança serão revigoradas. Cada uma de nós está apenas de passagem pela Terra, mas temos a oportunidade de deixar uma boa semente para aqueles que nos sucederão, algo que fará toda diferença neste mundo.

Por isso não se esqueça de que a sua história não é apenas sobre você mesma, conte com a graça e o amor do Senhor para deixar frutos que permanecem e apontam para o Deus a quem você serve.

"Tudo aquilo que você faz hoje dará frutos amanhã."

Qual é a importância de deixar um legado?

Isa Dimas

Porque eu o escolhi para que ordene aos seus filhos e aos de sua casa que se conservem no caminho do Senhor, fazendo o que é justo e direito, a fim de que o Senhor faça vir a Abraão o que lhe prometeu.

(Gênesis 18.19)

Lendo essa passagem, percebemos nitidamente que os planos e os propósitos de Deus ultrapassam uma geração. O que o Senhor reservou para Abraão não se encerraria ao fim de sua vida. Havia um projeto multigeracional, tanto que ele fez questão de direcioná-lo a instruir seus filhos no caminho em que deveriam andar. Até porque há promessas que não se concretizarão em nossos dias. No livro de Hebreus, a Palavra relata sobre patriarcas — entre eles está Abraão — que morreram na fé, saudando de longe as promessas (cf. 11.13).

Ou seja, quando partiram para a glória, o cumprimento das palavras de Deus não havia acontecido ainda, seus descendentes é que as veriam realizadas.

Portanto, precisamos entender a importância de intencionalmente construir um legado, algo que permanecerá para além dos nossos dias e fornecerá uma base sólida para que as gerações futuras permaneçam firmes no Senhor e vivam seus propósitos. Essa é uma clara instrução da parte de Deus para nós. De fato, não podemos pensar apenas em nossa geração. É como está escrito em Salmos 44.1: "Ó Deus, ouvimos com os nossos próprios ouvidos e os nossos antepassados nos contaram os feitos que realizaste no tempo deles, nos dias da antiguidade". O versículo relata sobre uma fé alicerçada no que os pais daquelas pessoas transmitiram a elas.

Tenho certeza de que você já foi impactada, em algum momento, por uma história ou experiência que seus pais lhe contaram. Aliás, muitas de nós ouvimos falar de Jesus pela primeira vez por meio deles. Algumas até cresceram com a convicção de que Deus é real por ter evidências disso dentro de suas casas. Antes mesmo de terem tido suas próprias experiências com ele, ouviram falar sobre o que sua mãe ou pai vivenciaram com o Senhor.

A verdade é que nossas experiências com Deus podem incentivar outras pessoas a desfrutarem disso também, não apenas nossos amigos ou familiares com quem convivemos hoje, mas também aqueles que estão por vir. Sei que muitas não tiveram o privilégio de nascer em uma família temente a Deus, porém creio que isso pode mudar a partir de você. Sei de inúmeros exemplos de pessoas que não tiveram uma família cristã e decidiram viver com Cristo, transmitindo este legado de fé a seus filhos e filhos de seus filhos. Você também pode ser a pessoa que construirá uma base de fé em seu lar.

Deus pode estabelecê-la como pioneira. Você pode ser a primeira de uma linhagem que serve ao Senhor. E se vem de uma linhagem que já o conhece e o adora, então há responsabilidade sobre a sua vida de perpetuar este legado. O Senhor deseja que a fidelidade, o temor e o amor a ele se estendam dia após dia, geração após geração.

O legado não está direcionado apenas para as famílias de sangue, mas também para a família espiritual. Um exemplo disso é a história de Maria, relatada em Mateus 26.7-13. Essa mulher encontra Jesus e lava seus pés com um perfume muito caro. Diante de uma entrega tão sincera e extravagante, Cristo diz: "Em verdade lhes digo que, onde quer que este evangelho for anunciado em todo o mundo, também o que ela fez será contado em sua memória" (v. 13).

Maria marcou a história com sua oferta, com a expressão generosa do seu amor a Deus. Portanto, legado é aquilo que você faz hoje e é transmitido às gerações que se seguem. Com seu sacrifício, pureza, amor, integridade e mansidão, Jesus deixou o maior legado da história. Cabe a nós, cristãos, honrar essa herança que temos nele, e que assim o mundo possa conhecê-lo por meio da nossa vida. Não há nada mais valioso do que isso.

Como Maria, que nos inspira a expressar nosso amor a Cristo, e Abraão, o pai da fé, que nossa existência seja dedicada a transmitir algo grandioso. Algo que aponte para a Eternidade e seja reproduzido por séculos após nossa partida. Excelentes exemplos disso são aqueles que viveram e morreram pelo Evangelho. É necessário vivermos de tal maneira que as futuras gerações se sintam inspiradas a conhecerem a Deus e a viverem para a glória dele. Decida ser uma mulher que deixará um legado, não apenas para seus filhos, mas para incontáveis gerações, até que o Senhor venha.

“Precisamos entender a importância de intencionalmente construir um legado, algo que permanecerá para além dos nossos dias.”

Influenciando como Jesus

Jay Santana

Da mesma forma, brilhe a luz de vocês diante dos homens, para que vejam as suas boas obras e glorifiquem a seu Pai, que está nos céus.

(Mateus 5.16)

O mundo de hoje é movido por influências. Na verdade, a sociedade sempre foi fã de ter uma influência para chamar de sua, porém, na era presente, com tanta informação e tecnologia disponíveis, foi aberto um leque interminável de ideias e opiniões compartilhadas. Nós nos encontramos então em uma situação um tanto quanto peculiar. Qualquer um, com certas técnicas e ferramentas, pode se tornar um influenciador de vidas, com milhares e milhares de seguidores que tomam suas palavras como verdade absoluta diariamente.

Mas o que significa ser influente de verdade? Em meio a tantas informações, possibilidades e conexões que a tecnologia nos trouxe, a busca pela influência muitas vezes se traduz em conquistar seguidores, acumular *likes* e ganhar notoriedade. No entanto, quando olhamos para a vida de Jesus, encontramos um modelo de influência que está muito além de métricas superficiais e redefine o significado de impacto duradouro em uma vida. Nele, encontramos um modelo de influência fundamentado na transformação de corações. Com seus ensinamentos, é possível acreditar que todos nós podemos influenciar aqueles que nos cercam, tanto para o bem quanto para o mal, dependendo de onde está enraizado nosso coração.

Ou seja, é muito importante estarmos cientes da fonte da qual temos nos alimentado para oferecer algo aos outros. Afinal, aquilo que nos informa é o que nos forma. Quem vive segundo a carne tem a mente voltada para os desejos carnais (cf. Romanos 8.5-7). E quando nossa mente se encontra assim, é impossível sair coisas boas de nós. A própria Palavra diz: "Por acaso pode a mesma fonte jorrar água doce e água amarga?" (Tiago 3.11 - NTLH). No mesmo capítulo, lemos sobre a mente pautada no que é celestial: "A sabedoria que vem do céu é antes de tudo **pura**; e é também **pacífica**, **bondosa** e **amigável**. Ela é **cheia de misericórdia**, produz uma colheita de boas ações, não trata os outros pela sua aparência e é livre de fingimento" (Tiago 3.17 - NTLH).

Nosso maior *influencer* deve ser Cristo, sempre, e ele certamente tem uma mente e um coração voltados às coisas do Alto. Com ele, aprendemos que a verdadeira influência não se refere a uma autoridade imposta ou busca por popularidade. Ao contrário, é uma expressão autêntica de amor, compaixão e serviço. Jesus, o Filho de Deus, nasceu em humildade, compartilhou das nossas alegrias e dores, dedicou tempo aos que precisavam dele. O nosso Senhor não procurou os lugares de destaque, mas os corações necessitados. Sua influência se manifestou através do toque de cura, dos ouvidos atentos, do perdão generoso, dos desafios e confrontos que nos levam além, e assim por diante.

Cristo chamou seus seguidores de sal da Terra e luz do mundo (cf. Mateus 5.13-14). O sal, quando usado adequadamente, realça o sabor, preserva e purifica. Da mesma forma, nossa influência deve realçar a bondade, preservar a verdade e purificar o ambiente. A luz, por sua vez, dissipa a escuridão, revelando o caminho e trazendo clareza. Assim, precisamos iluminar os corações com compaixão e direcioná-los na Verdade, que é Cristo.

Essa luz não pode ser escondida. Jesus nos exorta a brilhar diante dos homens através de boas obras, para que glorifiquem a Deus (cf. Mateus 5.16). A verdadeira influência não diz respeito a ganhar aplausos, mas a direcionar o louvor para aquele que é digno de toda honra e glória. As boas obras devem ser feitas em silêncio, para que o Pai celestial seja exaltado. A marca de uma boa influência é o fato de apontar para algo maior, para o Reino de Deus.

Portanto, a influência segundo os ensinamentos de Jesus é um convite para uma vida de amor, entrega e transformação. Trata-se de uma jornada que exige humildade, paciência e a capacidade de olhar para além do que é superficial. É conseguir moldar o mundo ao nosso redor não pela nossa popularidade, mas pela profundidade do nosso compromisso com algo eterno: **o relacionamento com Deus e a expressão da sua Palavra**.

Ser um *influencer* de sucesso não é sobre ser admirado pelas multidões, mas fazer a diferença na vida das pessoas, apontando para o amor incondicional e transformador de Deus. Que possamos buscar uma influência que se parece com a de Cristo. O que mais importa não é o que ganhamos, e sim o que doamos. Jesus não apenas ensinou sobre o amor ao próximo, ele de fato amou de maneira sacrificial, a ponto de entregar sua própria vida por amor a nós. Que a inspiração que exercemos seja um reflexo de um coração transformado pelo amor de Deus. A verdadeira influência de um cristão se manifesta não apenas em suas palavras, mas principalmente em suas ações, que devem refletir o amor e a compaixão de Cristo.

pura
pacífica
bondosa
amigável
bondosa
pacífica
pura
pacífica
bondosa
amigável
bondosa
pacífica
pura
pacífica
bondosa
amigável
bondosa
pacífica
pura

Construindo algo eterno com Deus

Vitoria Dozzo

Se Cristo não ressuscitou, a fé que vocês têm é inútil, e ainda estão nos seus pecados. Nesse caso, também os que dormiram em Cristo pereceram. Se é somente para esta vida que temos esperança em Cristo, somos os mais miseráveis de todos os homens.

(1Coríntios 15.17-19)

Deus é Santo e Todo-Poderoso. A Bíblia nos diz que ninguém poderá vê-lo e continuar vivo, pois nossa humanidade não aguentaria a revelação completa de quem ele é (cf. Êxodo 33.20). Quando temos encontros pessoais com o Senhor, constrangemo-nos diante de sua santidade e é plausível que isso gere em nós reações físicas. Nós nos emocionamos, temos arrepios, alguns caem e choram, outros pulam, dançam e celebram. Porém, a verdade é que precisamos desenvolver uma fé racional que permanece invicta, mesmo quando certas sensações não ocorrerem.

Eu não costumo chorar ao contemplar a glória de Deus. Muitas vezes, senti-me incomodada ao estar presente em grandes moveres, sem derrubar nenhuma lágrima e vendo as pessoas ao meu redor aos prantos. Recentemente, estava em uma conferência profética. Passei um tempo deitada no chão, tendo um momento lindo na presença do Senhor. Mas, para variar, não chorei e fiquei indignada por conta disso. Enquanto adorava, pedi ao Senhor que me desse lágrimas, porque não há outro mais digno delas do que ele, só que as lágrimas não vieram. Em vez de me frustrar ainda mais com isso, continuei mergulhada em sua presença, desfrutando da paz que me inundava. Logo ouvi o Espírito Santo sussurrar para mim: "Eu não tenho pranto para você, e sim alegria!".

Naquele momento tão doce, meu coração ficou repleto de gratidão, e eu pude compreender que as sensações de felicidade, aquela paz maravilhosa, o choro de amor, tudo isso é real e indescritível. Como é milagroso nos levantarmos desses encontros poderosos e continuarmos vivendo para Deus, tendo o nosso caráter moldado e transformado por ele. Construir algo eterno com Deus é viver uma caminhada de permanência e fidelidade a ele. Seja na alegria, na tristeza, em toda e qualquer ocasião da vida comum. Olhar apenas para o físico e para as condições terrenas pode acabar gerando em nós uma expectativa errada de que vivemos conforme o que vemos ou sentimos. Mas a vida do cristão é justamente o oposto disso. A fé é a certeza daquilo que esperamos e a prova das coisas que não vemos (cf. Hebreus 11.1). É nessa âncora que devemos apoiar nossos dias.

Experimentar milagres, conhecer as manifestações sobrenaturais do Espírito Santo, fluir nos dons e reunir testemunhos é muito precioso. Só que depender disso para crermos no Senhor nos levará à frustração. Somente as experiências e sensações não nos levarão a criar raízes na Videira verdadeira, que é Cristo. Se não temos um amor profundo por Jesus, convicção em seu sacrifício na cruz, desejo pela presença dele e paixão pela Palavra, poderemos ser carregadas pelos ventos de doutrina (cf. Efésios 4.14).

Se ele não for o nosso Senhor, iremos de culto em culto buscando por grandes emoções. O problema disso é que corremos o risco de cair em abismos de performance que estão longe de representar uma vida verdadeiramente piedosa e transformada. Construir algo eterno com Deus é enraizarmos nossa fé nele, aprendermos a perseverar nas tribulações e continuar guardando seus mandamentos, mesmo que as estações da vida mudem. O maior milagre da nossa existência é percorrer o caminho completo: uma jornada de início, meio e fim com Cristo, até a Eternidade, quando o encontraremos em glória.

Não podemos construir uma história com Deus baseada apenas em sensações, porque não é todo dia que acordaremos cheias de vontade de buscá-lo. Mas é pela certeza de que o Senhor é real, que ele nos salvou, libertou e voltará que iremos à igreja, leremos a Bíblia e oraremos diariamente. Ou seja, nós nos engajaremos na vida cristã por fé. Não é sobre o que sentimos, mas sim sobre obedecer a tudo o que Cristo nos ensina: andar mais uma milha (cf. Mateus 5.41), dar a outra face (cf. Mateus 5.39), perdoar (cf. Mateus 6.14-15), nos arrepender (cf. Lucas 5.32) e por aí vai. Cristãos maduros independem das sensações porque maturaram a fé em Cristo, a Rocha inabalável. Nele podemos nos agarrar quando não sentirmos algo ou até quando uma enxurrada de sentimentos vier sobre nós.

É prazeroso termos encontros com a glória de Deus que nos levam a desfrutar de boas sensações, porém morreremos na praia se dependermos disso. Encontrar o Senhor na beleza do cotidiano ou até em momentos tediosos mostra que há um alimento sólido nos sustentando em fé. Vivamos uma vida extraordinariamente comum. Que em nossos dias mais normais, com todos os altos e baixos da existência humana, estejamos com a mente na Eternidade, vivendo intensamente para Cristo. Andemos sobre o milagre de ter um caráter, um coração e uma mente transformados, impactando e amando as pessoas com quem encontramos no dia a dia. Nossa vida na Terra deve ser devotada a Jesus por completo. Isso inclui o âmbito racional e emocional. Precisamos crer que é na glória que se encontra o nosso tesouro, nosso contentamento e alegria, pois tudo vem do Senhor, existe por ele e é para ele (cf. Romanos 11.36).

“Andemos sobre
o milagre de
ter um caráter,
um coração
e uma mente
transformados.”

O que não fazer quando o assunto é legado

Thais Linares

Portanto ide, fazei discípulos de todas as nações, batizando-os em nome do Pai, e do Filho, e do Espírito Santo.
(Mateus 28.19, ACF)

Por muito tempo, acreditou-se que a maior missão de um cristão seria cumprir o "ide", pregando o Evangelho a toda criatura e espalhando as Boas-Novas àqueles que ainda não a conhecem. De fato, essa ordem dada por Jesus a nós é de extrema importância. Porém, ao lermos o texto, notamos que a ordem principal da oração não é o "**ide"**, mas sim "**fazei discípulos**". Isso nos revela que, além de pregarmos o Evangelho, devemos preparar as pessoas para caminharem de acordo com a mensagem anunciada.

Um grande exemplo disso pode ser visto na história de Moisés, que, em vez de apenas atender ao chamado de Deus para guiar o povo de Israel rumo à terra prometida, também se dedicou a **preparar Josué** para assumir o comando e liderar toda aquela nação no futuro. A Palavra nos mostra que Moisés desenvolveu um papel fundamental ao discipular seu sucessor, exortando-o e corrigindo-o nos momentos de necessidade, ensinando-o a agir e ser um exemplo de homem temente a Deus. Moisés deixou um bom legado por **pensar nas gerações posteriores** e garantir que, mesmo com sua partida, a missão continuasse.

Em contrapartida, a Bíblia nos conta a história do rei Ezequias, que no início de seu reinado fez o que o Senhor aprovava, tal como tinha feito Davi, seu predecessor (cf. 2Reis 18.1-3). Todavia, não permaneceu em obediência a Deus. Após ser assolado por uma doença, o profeta Isaías foi visitá-lo e lhe transmitiu a seguinte mensagem: "— Assim diz o SENHOR: **Ponha em ordem a sua casa**, pois você vai morrer; não se recuperará" (2Reis 20.1).

Depois de receber essa notícia, Ezequias clamou a Deus, que lhe concedeu mais 15 anos de vida. Durante esse período, em vez de cumprir a ordem divina discipulando sua casa, o rei se importou apenas com as vitórias e conquistas do seu reino. Como resultado de sua negligência ao mandamento do Senhor, sua sucessão foi desastrosa. Ezequias não instruiu seu filho, Manassés, a agir de acordo com a vontade de Deus. Manassés, então, foi considerado um dos piores reis que Israel já teve, uma vez que levou o povo à idolatria e imoralidade.

A partir desses dois exemplos, chega-se à conclusão de que um bom legado não está relacionado apenas ao que você constrói para desfrutar enquanto vive nesta Terra. Trata-se de algo que vai além dos seus dias, o foco deve estar naquilo que é primordial: o Reino de Deus. Que possamos entender que **um bom legado não tem fim em nós mesmas**.

Antes de pensarmos em ter um ministério de sucesso, é necessário nos dedicarmos àqueles que nos cercam e aos que virão futuramente, preparando nosso próximo para caminhar em direção ao Alvo. Assim como Cristo discipulou os apóstolos, como Paulo ensinou Timóteo e como Moisés instruiu Josué, Jesus lhe ordena deixar um legado que irá muito além de você. A partir de hoje, aceite o chamado do Senhor sobre a sua vida: **ide e fazei discípulos.**

"Um bom legado não tem fim em nós mesmas."

Enxergue além do agora

Bruna Vieira

Todavia, como está escrito: "Nenhum olho viu, nenhum ouvido ouviu, e coração nenhum concebeu o que Deus preparou para aqueles que o amam".

(1Coríntios 2.9)

Temos a forte tendência de acreditar nas coisas apenas quando podemos vê-las. Existe até o famoso ditado: "só acredito vendo". Mas a Palavra diz que nossos olhos jamais viram aquilo que Deus reservou para nós que o amamos. Você consegue imaginar quão maravilhoso deve ser isso? O mais louco é perceber que o Senhor já sabe exatamente como será o nosso destino. Ele é quem determina o momento exato que desfrutaremos de cada bênção e quais serão elas. Tudo já está preparado para ser liberado na hora certa. Ou seja, ele não está preparando algo para lhe entregar, ele está preparando você para lhe dar algo que já existe.

Não precisamos ver, apenas crer nisso. Nossa função é obedecer e acreditar nas promessas do Senhor. A verdade é que, se ele nos disse algo, temos o suficiente para permanecer firmes até que suas palavras se cumpram. Porém, tenho plena noção de como é difícil não saber como, quando, onde suas promessas se realizarão. Abraão e Sara receberam a promessa de que teriam um filho,

Deus lhes deu sua palavra. Aos olhos humanos, era impossível uma mulher na idade de Sara engravidar; assim também, muitas vezes nossa realidade não condiz com a promessa que recebemos.

Lembro-me de dois anos atrás, quando Deus começou a me falar sobre aquilo que ele tinha reservado para a minha vida. Eu olhava em volta e chorava, porque nada daquilo combinava com a minha realidade, não fazia sentido com o que eu vivia na época. Estava afundada em um sofrimento profundo, tinha sentimentos de morte e depressão, não conseguia encontrar esperança e minha fé era fraca. Comecei a anotar cada uma daquelas palavras e lia sempre que a incredulidade tentava me abater.

Nós precisamos sempre nos esforçar para ver além do agora, porque o que está por vir se encontra nas mãos do Senhor. Existe um agir invisível de Deus desde o dia em que ele faz a promessa até o dia em que a cumpre. Há um tempo certo para vivermos cada propósito que ele tem para nós. Eles nem sempre se realizarão no momento que desejamos, mas conforme o tempo de Deus.

Há dez anos, eu tive o primeiro contato com meu pai, entrei na igreja dele em um dia qualquer. Fazia 20 anos que ele orava para que isso acontecesse, só que não imaginava quando e de que maneira nosso reencontro se concretizaria. Ele não pensou que eu mesma teria a iniciativa de procurá-lo, e confesso que eu também não achava que seria assim. Deus havia dito para ele que iríamos viver muitas coisas juntos. Por mais que eu o evitasse o tempo todo, ele continuou crendo no que o Senhor disse. Anos se passaram sem que nada acontecesse, mas ele permanecia acreditando. Ele precisou enxergar além da sua realidade. Se tivesse desistido de ver dessa forma, provavelmente não viveríamos hoje como pai e filha.

Nunca imaginei que a chave para tudo o que eu desejava viver estava em minhas mãos. Muitas vezes, nós temos a chave para abrir portas na nossa vida, e essa chave geralmente é a confiança em Deus. É crer em sua Palavra, enxergar pela fé. Deus quer isso de nós, a dependência dele nos leva a grandes milagres, como curas, provisões e reencontros. Às vezes, para você viver os planos do Senhor em sua vida, falta apenas descansar no colo do Pai e dizer: "Deus, eu confio em suas palavras".

Enxergar além do agora é confiar no seu Pai de verdade, a ponto de descansar nele com a certeza de que ele é fiel para cumprir tudo o que prometeu. Não precisamos saber como, onde ou quando;

não tente especular. Fato é que Deus faz infinitamente mais do que pedimos ou pensamos. Eu amo surpresas, e aprendi a deixar o Senhor me surpreender. Todas as vezes que fiz os meus planos, ele veio e trouxe algo muito melhor. Deixar Deus lhe dar algo é muito melhor do que obter com suas próprias mãos.

Confesso que quando me converti, algo bem difícil para mim foi acreditar sem ver. Durante a minha vida toda, muitas coisas me foram prometidas e não cumpridas, por isso me decepcionei com diversas pessoas. Eu não conhecia o amor de Deus. Então, quando recebia suas promessas, pensava que seriam como todas as outras que me fizeram antes. Porém, diante do Senhor, pude me esvaziar de todo o peso do passado. Ele vinha com cura para cada decepção e me mostrava que nele eu poderia confiar plenamente.

Aos poucos, no tempo certo, ele cumpria cada uma de suas promessas e me fazia outras mais. Mas, antes de tudo, ele me ensinou a ter esperança nele. Posso dizer que se sua esperança está no Senhor, nada pode parar você. Não baseie sua fé na sabedoria humana, e sim no poder de Deus. Sonhe. Sonhe alto. Entregue seus sonhos para o Senhor. Deixe-o a par de cada objetivo seu, coloque tudo nas mãos dele e ore para que a vontade dele se cumpra. Se em algum momento da sua vida você deixar de sonhar ou não ver nada acontecer, lembre que o tempo de Deus é perfeito. Se você colocou toda sua vida nas mãos dele, não há o que temer.

“Não baseie sua fé na sabedoria humana, e sim no poder de Deus.”

Não termina em nós

Jey Reis

Em verdade lhes digo que aquele que crê em mim fará também as obras que faço; fará coisas ainda maiores do que estas, porque eu vou para o Pai.

(João 14.12)

Que linda jornada vivemos juntas! Aprendemos muito, rimos, choramos e com certeza vamos carregar tudo isso em nosso coração. Mas além de guardar conosco, precisamos compartilhar com outras pessoas. Afinal, se o Senhor nos disse que faríamos coisas ainda maiores do que aquelas, precisamos nos posicionar para viver esse "algo maior" que ele tem para nós. Dia após dia somos cercadas de oportunidades de dar aquilo que recebemos dele, e nossa missão não é só receber, temos de derramar. Todos os dons são dados por Deus para abençoar o corpo de Cristo, não a nós mesmas.

Esse ato de verter o que temos me lembra da viúva de 2Reis 4. Ela tinha só um pouco de azeite, mas ao derramá-lo em outras vasilhas, conforme o profeta direcionou, o milagre da multiplicação aconteceu. O profeta Eliseu disse: "[...] — Vá pedir emprestadas vasilhas vazias a todos os vizinhos, mas peça muitas. Depois, entre em casa com os seus filhos e feche a porta. Derrame daquele azeite em cada vasilha e separe as que você for enchendo"

(v. 3-4). Creio que, da mesma forma, você também pode ir à sua vizinhança e buscar vasilhas, isto é, corações, para derramar o "azeite" que recebeu com esta leitura.

Lembre-se também de que, como a Palavra diz no verso 6, o azeite parou de correr a partir do momento em que não havia mais vasilhas vazias no local. "Quando todas as vasilhas estavam cheias, ela disse a um dos filhos: — Traga-me mais uma. Ele, porém, respondeu: — Já acabaram. Então, o azeite acabou" (2Reis 4.6). Isso significa que o azeite continua a correr enquanto há vasilhas para serem cheias. Então eu imagino o que poderia acontecer se a viúva e as pessoas naquele local não parassem de trazer novos vasos, ou se nós não pararmos de ir ao encontro daqueles que necessitam de milagres.

Vivemos experiências lindas, que outras mulheres ao nosso redor também precisam experimentar. A partir de agora você se torna uma participante ativa do trabalho de propagar as mensagens que recebeu ao ler este livro. Você foi chamada para realizar coisas maiores do que estas, e tenho certeza de que, como eu e as outras mulheres lindas que escreveram este devocional, você pode ser uma mensageira das verdades bíblicas para as pessoas que conhece. Sei que parece difícil, mas você já aprendeu nesta jornada que para crescer temos de encarar novos desafios.

A missão não para em mim e com certeza também não parará em você. Estamos nas últimas páginas do livro, mas é agora que ele se torna ainda mais interessante, pois creio que fará parte da sua vida diariamente. Eu e todas as autoras deste livro maravilhoso confiamos em você, para que pegue cada tema que aprendeu e transforme esses ensinamentos em ação, impactando a sua vida e a de outras mulheres que serão encontradas por Jesus por meio de **você**. É simples assim.

"Você pode ser uma mensageira das verdades bíblicas para as pessoas que conhece."

Minha evangelista,

eu chamei você para viver coisas maiores! Não é o fim, é o começo. Eu sou o Deus que escreve sua história e hoje eu a comissiono para a missão de participar de outras histórias a partir de tudo o que você aprendeu nesta jornada. Eu amo você, filha. Volte sempre aqui para relembrar os ensinamentos, recarregar as baterias, reorganizar seus pensamentos e, principalmente, aprender o que você precisa passar adiante. Seja aconselhando, orando ou simplesmente convivendo com pessoas, você fará a diferença. Afinal, eu a transformei para que você transforme! Eu amo você, filha, hoje e para sempre.

Assinado: Yahweh.

Desafio

Semana 8 Legado

Vitoria Dozzo

As palavras que me ouviu dizer na presença de muitas testemunhas, confie-as a homens fiéis que sejam também capazes de ensiná-las a outros.

(2Timóteo 2.2)

O Evangelho não pode parar em nós. Antes de voltar ao Pai, Jesus nos comissionou a ir pelo mundo, pregar as Boas-Novas e fazer discípulos. Cumprir essa ordem é viver com a certeza de que o cristianismo é para todos, não apenas para alguns.

Tudo o que vivemos nestas últimas semanas com a leitura deste livro será pequeno se parar em nós. O nosso Deus é Deus de gerações, ele entrega promessas pensando em um povo, em famílias. Podemos testificar isso observando a história de Abraão, que viveu em obediência ao Senhor e gerou uma nação gigantesca. Algo que começou nele, passou por seus filhos e culminou no povo de Israel, que possui um lindo legado. De fato, os pensamentos do Senhor são muito mais altos do que os nossos; enquanto ele opera em nós, enxerga todas as outras pessoas que serão impactadas e transformadas a partir da nossa vida.

Pensando nisso, creio que a melhor forma de encerrar esta jornada é refletindo sobre como temos vivido nossos relacionamentos até agora. Compartilhamos o Evangelho ou futilidades?

Temos entregado bondade, misericórdia e uma esperança firme em Jesus ou murmuração, inveja, rivalidade e egoísmo? Qual legado temos deixado? O que você tem feito pensando no futuro?

Jesus falou para muitos, mas andou de maneira próxima com um grupo seleto. Ele os conhecia intimamente e os instruía de perto. Esses homens propagaram tudo aquilo que Cristo ensinou por todo o mundo. E esta é também nossa incumbência: seguir o discipulado de Jesus, que não é algo mirabolante e difícil de entender, é simples. Uma vez que nos dispomos a impactar o mundo ao nosso redor, levando a Verdade, ele opera. Por isso, o desafio desta semana é que você convide uma mulher para um café e procure ajudá-la em sua caminhada da fé.

Pergunte como ela está, seja uma boa ouvinte, fale do Evangelho, mostre o que Jesus tem feito na sua vida e leve esperança para ela. Compartilhe o que aprendeu nestas últimas semanas ao fazer o devocional e esteja pronta para oferecer o que ela precisa, seja uma oração, conselho ou algo material. Permaneça em contato com ela, não se esqueça dessa amiga, incentive-a sempre que puder. Importe-se de verdade, mostre que está presente e verá os frutos dessa linda amizade.

Além disso, se ainda não caminha com pessoas mais maduras do que você na fé, este é o momento perfeito para procurar alguém assim. O Evangelho é para ser vivido em comunidade, pois nessa união Jesus se fará presente. Plante as sementes da Palavra de Deus amando pessoas e colherá um lindo legado.

Carta Final

Depois de se alimentar da Palavra e refletir sobre assuntos importantes do universo feminino por 56 dias, esta jornada chegou ao fim. Porém, algo é certo: somente a leitura deste devocional não basta, você precisa cultivar esses ensinamentos em seu coração diariamente, passá-los adiante e, principalmente, praticá-los. Não é tão difícil seguir um cronograma e ler algumas páginas por dia, o desafio é de fato vivenciar aquilo que absorveu nas últimas semanas. Que essa não seja mais uma leitura espiritual cumprida, mas um romper para uma vida totalmente entregue ao Senhor.

Em cada uma das semanas, você teve acesso a perspectivas novas a respeito da caminhada com Cristo. Aprendeu sobre como buscar a Deus e se relacionar com ele; entendeu a importância de se examinar e conhecer a si mesma; percebeu o valor de desenvolver o caráter de Jesus e de cultivar relacionamentos de forma saudável; passou a enxergar o cotidiano pelas lentes da fé e teve o entendimento de como viver plenamente para o Pai. Também aprendeu sobre a constância no Evangelho e como terminar bem, sem pensar apenas no agora, mas tendo em vista a Eternidade.

Como vimos, a vida com Deus é simplesmente extraordinária. Podemos buscar a sua presença a todo instante, na hora de trabalhar ou descansar, na área ministerial ou social — e ele sempre nos ajuda. Andar com Jesus é ser abundante, resolvida e curada, além de enxergar pelos olhos da fé. Aprender a viver desse modo é um processo contínuo, e quando nos abrimos para ele, podemos testificar o florescimento em nosso dia a dia. Não pense que é complicado: o que você precisa é amar a Deus, ler a Bíblia e, todos os dias, permanecer em Cristo. Essa é uma caminhada duradoura, que se intensifica a cada dia e dará frutos no tempo certo.

Não se esqueça daquilo que leu e aprendeu. Apegue-se cada vez mais ao Senhor e permita que ele opere em sua vida conforme seus propósitos. Nas próximas semanas, reflita sobre seus aprendizados junto ao Espírito Santo, pois ninguém melhor do que ele para ajudá-la a seguir adiante cada vez mais apaixonada pelo Senhor. Uma vez que a Palavra de Deus realmente é o pão que a alimenta, será impossível não notar uma transformação em si mesma e em tudo ao seu redor.

✚ ✚ ✚ ✚ ✚ ✚

Esta obra foi composta em *Cabrito* e *Larken*
e impressa por Gráfica Expressão e Arte sobre papel
Polen Natural 80 g/m² para Editora Vida.